中国脱贫攻坚
县域故事丛书

County-level Story Series on
Poverty Alleviation in China

中国脱贫攻坚
尼勒克故事

全国扶贫宣传教育中心 组织编写

人民出版社

卷 首 语

打赢脱贫攻坚战，彰显着中国共产党人为中国人民谋幸福、为中华民族谋复兴的初心和使命；

打赢脱贫攻坚战，昭示着执政的中国共产党有能力减缓贫困、实现小康；

打赢脱贫攻坚战，激励着广大党员干部在实现中华民族伟大复兴中国梦的道路上，奋力书写波澜壮阔的时代答卷；

打赢脱贫攻坚战，引领着各族人民群众走向团结稳定、繁荣富强的美好未来；

打赢脱贫攻坚战，创造着社会的和谐、历史的进步和人类的文明！

序言　梦想的家园

　　贫困问题是困扰人类社会进步的一个重大问题，战胜贫困需要勇气、需要智慧、需要力量，翻开历史的画卷，人类社会发展史是一部反贫困的历史，正如世界银行集团行长金墉所言，这是当今世界最好听的故事。

　　可以说，中国人民的历史也是一部与贫困抗争的历史，近代中国共产党人将是人类历史上有能力终结极度贫困的第一代人，在这个波澜壮阔的新时代里，共产党人用他的初心与使命讲述着令人震撼而又回味无穷的故事。

　　我们这本书里要介绍的是新疆维吾尔自治区伊犁哈萨克自治州尼勒克县，她伴随着中国脱贫攻坚若干阶段的磨炼和考验，在打赢脱贫攻坚战的进程中，她蜕变得如此靓丽和动人。不能不说尼勒克县是中国脱贫攻坚的一个缩影，这块曾经难啃的"硬骨头"经受了三十二年的艰难拼搏，尤其是党的十八大以来，遵循习近平总书记提出的精准扶贫、精准脱贫新要求，十九万各族人民群众像石榴籽一样紧紧地抱在一起，在打赢脱贫攻坚战中，他们心连着心、根连着根、手挽着手并肩前行。

　　从 20 世纪 70 年代末到 80 年代中期，尼勒克县在农村经济体制改革下稳步开展扶贫济困工作；1985 年至 2000 年，尼勒克县进入了以"八七"扶贫攻坚为目标的开发式扶贫阶段；新世纪以来，尼勒克县大力推进以《中国农村扶贫开发纲要（2001—2010 年）》（以下简称：十年《纲要》）为重点的扶贫开发；进入 2011 年，尼勒克县全面落实《中国农村扶贫开发纲要（2011—2020 年）》（以下简称：新十年《纲要》），按照党中央的部署，拉开了新一轮扶贫攻坚的帷幕。

尼勒克县和全国各地一样也毫不例外地经受着"四个阶段"扶贫开发的历史考验，自 1986 年被列为国家级贫困县，到 2018 年接受国家第三方贫困县退出专项评估检查，2018 年 9 月 26 日自治区人民政府批准退出贫困县序列，历经三十二个春秋，这顶"帽子"终于在尼勒克人向着幸福出发的征程中被彻底甩掉。

三十二年扶贫攻坚，三十二年风雨征程，三十二年沧桑巨变，凝聚着上级党政机关的巨大关怀，体现了各级部门的关心支持，饱含了各族干部群众的艰苦拼搏，见证了定点扶贫的深情厚谊，浸透着援疆扶贫的首善行动，积聚着社会各界的扶贫大爱，描绘出走向小康的动人画卷。

如今，一幕幕可歌可泣的扶贫故事，一段段难以忘怀的美丽传说，演绎着尼勒克人在与贫困搏击的路上，那伟大而又不朽的灵魂。

中国的脱贫攻坚，有尼勒克的故事；尼勒克的故事，体现着中国的脱贫攻坚。

我们从尼勒克县的故事中，感受到中国共产党的英明，见证了伟大祖国的强大，品味着改革开放的成果，体会到各族人民群众的坚定。

忆往昔，一缕缕辛劳的炊烟在记忆中升起；看今朝，一团团穷困的阴霾在阳光下褪去；思未来，一幅幅幸福的画卷在美好中铺开。伴随着一代又一代人的祈盼，脱贫摘帽后的尼勒克县，贫困程度明显缓解，生产生活水平明显提高，基础设施条件明显改善，农村落后面貌明显改变，经济发展步伐明显加快，社会事业明显进步，县域的综合实力明显增强，脱贫攻坚为全县经济发展、社会稳定、民族团结作出了重要贡献。

尼勒克县脱贫攻坚的丰硕成果，有力地印证了只有打赢脱贫攻坚战，让贫困群众过上好日子，才能使各族人民群众深切感受党的关怀、感受祖国大家庭的温暖；只有打赢脱贫攻坚战，让人民在改革发展中共享发展的成果，才能创新社会管理，维护和促进社会和谐稳定；只有打赢脱贫攻坚战，统筹发展县域经济，才能促进和实现城乡经济可持续协调发展；只有打赢脱贫攻坚战，不断提高人民发展能力和生活质量，才能使各族人民群众体会到社会主义优越性，确保建设有中国特色的社会主义事业走向成功、走向人类现代文明。

今天的尼勒克县，作为一个边疆少数民族地区的扶贫典范，用一个个鲜活的事例、独具特色的典型、百姓认可的事实、专家评估的数据、记者采访的报道、作家走访的书稿、扶贫人亲历的回味，形式多样地讲述属于她的扶贫故事。

《中国脱贫攻坚——尼勒克故事》展示了新成果，集聚了新动力，增强了凝聚力，透析着感染力。她奉献给广大读者的是新时代的精神食粮、打赢脱贫攻坚战的"软面包"，她唱响了各族人民心中的歌，那就是"共产党好、社会主义好、改革开放好、伟大祖国好、各族人民好"的时代主旋律，她是展现尼勒克人民的奋斗史、创业史、改革开放史又一个不可或缺的辉煌的篇章。

今天，我们旨在通过《中国脱贫攻坚——尼勒克故事》来浏览一下尼勒克县打赢脱贫攻坚战的成绩单。这洋洋洒洒数万字无不彰显了尼勒克人民蓬勃向上、开拓奋进的精神风貌；渗透着尼勒克人纯朴、善良与厚道的情怀，也充分展示了尼勒克县走向繁荣发展、文明开放的外部形象。

精诚所至，金石为开。伟大的时代，成就伟大的梦想。如今，尼勒克人终于把贫穷的帽子扔进了喀什河，可歌可泣的故事很多很多，我们很难用有限的文字把它全部记述在这里，要给大家分享的，也是我们多年来耳闻目睹的那一部分，我们有理由相信这些朴素的文字将更好地服务贫困一线、服务基层乡村、服务贫困百姓，更好地赢得阵地、赢得人心、赢得群众，更好地为打好脱贫攻坚战和全面建成小康社会提供丰富的精神食粮。

目 录
CONTENTS

综述篇

在美丽中诉说贫穷

伴随着新中国砥砺前行的脚步，尼勒克县在伟大祖国的怀抱中成长和进步，她和祖国的命运紧密相连，她和我们的祖国一样，从贫困中一路走来。

从前的尼勒克，山高路远、交通不便、信息闭塞，人们在贫瘠的土地上，长年重复着日出而作、日落而息的劳作，贫苦的日子与这里的农牧民相伴相随。改革开放的步履、党的十八大的声音、打赢脱贫攻坚战的号角、精准扶贫的思想，让各族人民群众在这个令人骄傲的新时代里，摆脱了贫困，过上了富足的生活，尼勒克县也由此摘掉了戴了三十二年的贫困帽子。

　　几十年来，特别是改革开放 40 多年来，尼勒克县各族人民群众自强不息、锐意进取，经受了一次又一次严峻考验，战胜了一个又一个艰难险阻。党的十八大以后，以习近平关于扶贫开发的重要论

尼勒克县人民

述思想深入人心，鼓舞着尼勒克县的各族干部群众栉风沐雨、奋力拼搏，在打赢脱贫攻坚战进程中，不断取得新进展、新成就。

如今，镶嵌在青山绿水之中的尼勒克，到处都是整洁、文明、和谐、发展的一派兴旺发达的景象，山青、水秀、树绿、地净，这是尼勒克县人多年与贫困决斗、苦心打造出来的优美环境。

走进尼勒克县城，宽阔的柏油路，鳞次栉比的楼群，琳琅满目的商铺，组成了一座略显现代化气息的边陲小城，构成了一幅靓丽的画卷，呈现在你的眼前。往日贫困的沧桑已经消退，载歌载舞的人们在县城中心的唐布拉广场，用他们幸福、富足的笑靥，诉说着人们记忆中难以抹去的贫穷，诉说着改革开放带来的美好，诉说着打赢脱贫攻坚战那些动听而又感人的故事。

尼勒克县县城全景

象征着进取奋进的广场雕塑

历史是一面镜子。打赢脱贫攻坚战的成功实践和辉煌成就，昭示着中国特色社会主义在祖国边疆的伟大胜利，证明了社会主义制度无比的优越性。

只有记得过去的贫穷，才能惜守如今的富足。今天，当我们豪情万丈地去回望过去的贫穷，抚惜今天的幸福，展望明天的美好，新时代中国特色社会主义的伟大思想已经深深地扎根于心中，我们将更加坚定不移地走中国特色社会主义伟大道路并不断向前迈进。

让我们永远铭记中国脱贫攻坚这一奋斗历程，紧紧抓住千载难逢的历史机遇，万众一心，团结奋进，用各族人民群众强大的膂力，去创造和拥抱更加灿烂美好的未来！

（一）呼唤在沧海桑田间的"婴儿"

　　尼勒克，从亘古的天地间走来，是一个古老、神奇而又美丽的地方，古丝绸之路上曾经有她的踪影，乌孙西迁的途中，她是驿站。然而，历史与自然却无情地将"贫困"二字馈赠给了尼勒克，穷苦肆虐着岁月的年轮，这个还来不及让大千世界接纳的"婴儿"（尼勒克，系蒙古语，意为"婴儿"也即"新的生命"），她带着娇嫩的印记回落在天山脚下，她在沧海桑田间呼唤着希望与未来。

　　地处伊犁河上游的尼勒克县，位于中国新疆西北部，其地域辽阔，总面积 10130 平方公里，相当于 5 个毛里求斯、13 个新加坡、34 个马尔代夫，接近 2 个上海或 9 个香港，在东西长达 243 公里绵延起伏的山地间，有亚洲保护最完好、我国西北地区最大的、面积约

尼勒克县山间

尼勒克县山地地形

为 21 万亩的河谷原始次生林。地貌特征呈柳叶状，境内南北两侧高山、丘陵连绵，平均海拔 800—4590 米，县城海拔 1000 米左右，自东向西贯流全境的喀什河全长 304 公里，呈现"两山夹一河"地形。

亚洲四大最美草原之一的唐布拉大草原，犹如一个蒙罩着轻纱的"睡美人"，在芊蕙葳蕤的斑斓里，以恬静、迷人的姿色，静卧在尼勒克这片硕大肥厚的"柳叶"上，委身于翠浓氤氲的辽阔中。

唐布拉，就像一颗耀眼的明珠，镶嵌在尼勒克这个美丽的山谷里，成为了"百里画卷，天然画廊"独特的旅游胜地。

尼勒克属温带大陆性气候，山区气候特征较为明显，年均降水量 353 毫米，无霜期短，农区平均 100 天左右。

全县有哈、汉、维、蒙、回等 32 个民族，19 万勤劳善良的各族人民共同组成了一个和谐大家庭。

1986 年，全县农牧民人均纯收入仅为 307 元，被国务院确定为国家级贫困县。该县"西部三乡"的贫困发生率高达 85%，少数民族贫困人口约占全县贫困总人口的 95%。

2001 年，按照国家确定的低收入人口年人均纯收入为 872 元的标准，尼勒克县再次被确定为国家扶贫开发工作重点县。全县有自治

唐布拉大草原风光

区扶贫开发重点村40个，至2004年底，全县有低收入贫困户4290户、贫困人口22196人，为全县农村人口的19%。

其中贫困人口主要集中在"西部三乡一场"（喀拉苏乡、苏布台乡、加哈乌拉斯台乡、库克拜牧场）和南部的木斯乡。这里的共同特点是自然条件恶劣，干旱缺水，文化教育落后，少数民族相对集中，农业上完全靠天吃饭，贫困发生率高达85%，是尼勒克县打赢脱贫攻坚战的主战场和难点地区。

仰望着高远深邃的苍穹，唐布拉在为这个襁褓中的"婴儿"祈祷，草原上的牛羊总是用撒欢的声音为你唱着一首动听的牧歌，唤醒着勤劳善良的农牧民。岁月有情，在"老天爷"的眷顾下，尼勒克县东部山区凭借着丰富的降雨量，尽显勃勃生机，一派水草丰盛、牛羊肥壮的生动景象。岁月也无情，西部山区旱田梁子上的马儿，却在用昂首的嘶鸣，抚慰着断断续续的炊烟，承载着贫苦与灾难。

这就是鲜为人知的尼勒克，由东部草原的美丽与西部山区的荒凉所形成鲜明的对比。

因此，尼勒克是美丽的，尼勒克也是贫困的，她在美丽中诉说着贫穷。

（二）"天然贫困"的羁绊

尼勒克县作为国家在"七五"初期确定的第一批28个贫困县之一，西部山区的"天然贫困"使尼勒克县陷入重度贫困之中，"天然贫困"始终在困扰着地方政府、困扰着农牧民。

一是生态环境脆弱，自然灾害频发。这里属于典型的大陆性干旱气候，喀拉苏、苏布台、加哈乌拉斯台"西部三乡"是重度干旱区域，降水量稀少，农业用水不足，降水量平均值仅有230毫米左右。全县年平均气温低于 8℃，无霜期大多不到 100 天。贫困农牧民靠天吃饭现象十分严重。县域中部地区的乡村以洪灾、泥石流、霜冻、虫害、冰雹、蝗灾、雪灾较为普遍。仅 2003 年 6 月科蒙乡发生的特大山洪，就造成 19 人死亡，直接经济损失近 6000 万元。在农作物生长的 4—9 月间，尼勒克县抗雹日数最多的年份达 14 天。因此，尼勒克县是自治区确认的易灾县之一。

二是土地资源匮乏，难以满足温饱。尼勒克县"西部三乡"基本上是以山地、丘陵为主要地形特征，80% 的土地分布在 10—25 度的坡地上，土地十分贫瘠，耕地资源少，且多为一年一季收成，农作物亩均产出效益低下，稀少的耕地资源无法满足贫困乡村农牧民生存的需要，贫困人口对土地的依存度很低，大部分属于"天然贫困"及资源性贫困，且造成一方水土养不了一方人的现象。

贫瘠的土地

干枯的草场

三是人口过快增长，抵消扶贫成果。人口自然增长过快，加重了人均劳动力承载的家庭生活负荷。仅以1978年为例，全县总人口为9.46万人，当年的人口自然增长率为22%，农牧区平均每个劳动力要供养2.5—3人的生活，既摊薄了人均资源占有量，又抵消了扶贫成果，削弱了扶贫成效。

四是因病致贫返贫，陷入重度贫困。长期以来，尼勒克县的贫困人口中疾病、身残、智障占比较高，贫困人口较为集中的乡村也大多属于地方病高发区，导致疾病多发，因病致贫、因病返贫形成贫病交加。调查资料显示，多年来，因病致贫、因病返贫的贫困户和残疾人贫困户等要占贫困户总户数的38%。

五是就业能力不强，自我脱贫困难。改革开放以来，尼勒克县文化、教育与过去纵向比较来看是有巨大成绩的，但与其他地区进行横

健康扶贫，为各族贫困群众送温暖

向比较，还是有巨大差距的。根据 2005 年调查的数据，全县国民平均受教育程度仅为 5 年。低于全国农民平均受教育水平 2 年。由于贫困人口平均受教育年限明显低于全国平均水平，极大地制约了贫困群众自身素质的提升。受文化层次、职业技能、语言障碍、传统习惯等各种因素影响，绝大部分贫困劳动力走出去难、稳定就业更难。

六是基础设施滞后，扶贫成本较高。由于历史的原因，全县贫困乡村饮水难、用电难、行路难等问题长期得不到根本解决。基础设施建设的严重滞后，成为制约贫困乡村摆脱贫困的重要短板。据测算，按照 2013 年的不变价，全国人均脱贫成本需要 2 万元，而尼勒克县地处偏远牧区，人均脱贫成本应该是这个基数的几倍以上，因此扶贫成本较高。

面对"天然贫困"，尼勒克县人没有被吓倒，他们昂首挺胸，迎难而上，在县委、县人民政府的带领下，以"人一之、我十之，人十之、我百之"的精神，三十二年不间断，治水、修路、架桥、整地、栽树、种草、还林，始终冲刺在脱贫攻坚的征途中，他们自戴上贫困县"帽子"的那一天起，就注定要和"天然贫困"决斗到底，坚持善作善成，突出一个"干"字。

戴上贫困县"帽子"后，历经艰辛、苦战贫困的县委书记王新民，坚持区域带动、综合施策的县委书记赵德忠，实施系列扶贫工程、持续向贫困宣战的县委书记丁军生，实施整村推进、打响扶贫开发新战役的县委书记李新军，坚持到村入户、科学扶贫的县委书记吴奉军，全面贯彻落实精准扶贫精准脱贫新战略、向自治区党委立下军令状、坚决打赢脱贫攻坚战的县委书记周立新，"六任书记"持之以恒、接力攻坚，在扶贫开发不同的历史阶段，团结带领"四套班子"和全县各族人民群众一道风雨兼程，与"天然贫困"进行了顽强的斗争，共同谱写了打赢脱贫攻坚战的辉煌历史。

在这历尽艰辛的三十二年里，脱贫攻坚成为尼勒克县的主旋律，脱贫攻坚向来都是"一把手"工程，历任县委书记始终把强烈的使命

喀拉苏乡中心卫生院门诊楼建成并投入使用

感和责任感作为共产党人的政治品格和工作态度，自始至终坚持脱贫攻坚打头阵，奋发有为求创新，团结带领"四套班子"成员以及全县各族干部群众，与贫困进行艰难的搏击，他们就像喀什河的水一样奔腾不息永不停留，冲破激流险滩，无畏艰难险阻，一浪更比一浪高，一仗接着一仗打，一代跟着一代干，展现了共产党人心系贫困、为民奉献的亮丽风采。

"天然贫困"犹如一道"天然屏障"，始终阻碍着尼勒克县经济社会的快速发展，在打赢脱贫攻坚战密集而又精准的"火力"下，如今已渐渐地消退，尼勒克县的如期"摘帽"为全面建成小康社会奠定了坚实的基础。

正如县委书记周立新在访谈中说的："我们不可以改天，但我们可以换地，打赢脱贫攻坚战必须有'遇水架桥，逢山开路'的决心，只要真干苦干实干，我们就一定能给党和人民交一份满意的答卷。"

（三）忧伤里的那一份期盼

每一个穷人的眼里，噙着的是忧伤，饱含着的是一份期盼。

回看三十多年前的尼勒克，全县没有一条柏油路，县城规划的一条主干道也是远近出名的"泥巴路"，由此被外界戏称为"泥巴克"，这个戏称着实让尼勒克人背了好多年，而如今已经被宽阔的柏油马路所替代。

那个时候，许多乡村不通水、不通电、不通油路、不通暖、不通邮、不通电话、不通广播，更谈不上电视，也不通客运班车，学前教育更是空白。

乡村缺医少药现象也十分严重，乡村的健康医疗条件和服务水平都很差。据了解，在 2005 年之前，全县有 7 个乡的医院是瘫痪的。

还有一些乡村的孩子们在漆黑的教室里学习，在十分艰苦的环境中成长。

尼勒克县木斯乡哈萨克族牧民艾勒木哈孜·艾楞切是尼勒克县教育史上和扶贫史上都令人不能忘却的一个老人。党的十一届三中全会以后，艾勒木哈孜·艾楞切依靠党的改革开放好政策勤劳致富，成为当地有名的牧业大户，艾勒木哈孜·艾楞切致富不忘乡亲，积极为政府分忧，为了改善村里的教学条件，他自愿捐资 2.5 万元，同时还投入了大量的人力物力，建起了一座 310 平方米的砖木结构的哈萨克语小学校。当地老百姓都说艾勒木哈孜·艾楞切是一个站在高处、放眼未来的牧羊人。

此前，孩子们在两间破旧的危房里上课，小学生们也丝毫没有因为站着听课而感到累，或许是知识的吸引力，早已让孩子们养成了站着听课的习惯。冬季凛冽的寒风透过没有玻璃的窗户，吹进黑乎乎的屋子里，聚精会神学习的孩子们似乎都已经习以为常。

没有课桌、没有凳子、没有书包，沾满黑色污垢的小手，挂在脸上的鼻涕，衣衫褴褛的穿着都在诉说着孩子们的那一份艰辛与不易，透露着孩子们那一份忧伤与期待。

一间破烂不堪的土房子，一块又臭又脏的毛毡子，一个四处冒烟的铁炉子，一口锈迹斑斑的破铁锅。这是若干年前尼勒克县一些贫困家庭的真实写照。总之，封闭、落后、贫穷是尼勒克的代名词。

一茬又一茬的领导班子何尝不想为老百姓办实事，何尝不想让老百姓过上好日子，可是囊中羞涩，穷财政、家难当，连正常的工资都难以保证，有时靠银行贷款维持，说实话，政府的日子也不好过啊！

足寒伤心，民寒伤国。

穷，那是一种无助、无奈，更是贫弱的反映。对穷人们来说，贫穷不是过错。贫穷是什么？很多人会说贫穷是梦魇、是恶魔；是的，贫穷的确很可怕，穷人往往因为贫困而失去朋友、失去家庭，甚至因为贫困，失去了生命。但是，如果这个社会对穷人麻木不仁、对贫穷无动于衷，势必会导致穷人们心理上的失衡，原本并不严重的社会问题有可能被放大，加剧了社会群体关系的恶化，甚至造成社会动荡。因此，对穷人的态度，是衡量这个民族良知的基本尺度。

大家必须明白，和谐是人类生存的一种智慧，关注穷人、善待穷人、尊重贫困弱势群体是一种美德。

◆ ◆ 典型案例 ···

一个"醉汉"的脱贫之路

这是一个不能不说的故事。

说真的，人穷的时候，酒精便是他的精神寄托。

记得克令乡克令村村民布卡热阿·伊曼别克，是当地有名的酒鬼，他成天喝酒、无所事事，按照当时的地方扶贫政策，酒鬼、懒汉和计划生育超生户是不扶持的，这符合大多数老百姓的心愿，扶贫不扶懒。

其实，有的时候，穷人是麻醉的、富人是麻木的。当人们在指责那些懒汉、醉汉、光棍的时候，不知道他的情况是否具有合理性，单从良知上来讲，在指责前起码是值得思量的。

布卡热阿·伊曼别克为什么如此地消沉绝望？江苏援疆工作组的干部和县里派来的帮扶干部到他家了解了真实情况，原来，在两年内，布卡热阿·伊曼别克的母亲和妻子都因病不治身亡，使这个原本富裕的家庭从此衰败，为了给母亲和妻子看病，他变卖了家里所有的牛、羊、马，所有的亲戚朋友都有他的欠条，从此他过上了贫苦的日子，也没了生活的勇气和信心，只想借酒消愁，用酒精来抚慰忧伤的心，驱赶贫穷带来的孤独。所以说酒，对富人来说是"兴奋剂"，对穷人来说是"麻醉剂"。布卡热阿·伊曼别克的命运注定要在脱贫攻坚中获得良知、得以拯救。

村党支部书记也开始着手做他的思想工作，劝他戒酒，打起精神，江苏援疆干部和帮扶小组拿出 5000 块钱给了他，让他买上十几只羊先发展生产，把日子过起来。

"感谢共产党，感谢好心人的帮助，我终于有救了，阿拉克（哈萨克语，意：酒）不喝了，我要好好地劳动生产，还清欠下的债务，还要争取早日脱贫致富，过上好日子，让亲戚朋友们都看得起我。"

布卡热阿·伊曼别克在忧伤中，祈盼着未来，祈盼着美好。

两年后，村党支部书记和帮扶小组的同志再去他家看望的时候，布卡热阿·伊曼别克的脸上已经有了笑容，而且是笑得那么灿烂，满眼的泪花，一脸的感激。

看到满圈的牛羊，大家觉得帮助穷人脱贫致富，精神上是那么的满足。原来，扶贫是那么的有意义、有价值。

扶贫羊

尼勒克，因为美丽，让人震撼；尼勒克，因为贫困，让人心酸。

大学生志愿者岳朝乡是 2007 年从河南省鹤壁市来尼勒克县参加"三支一扶"的，小伙子一来就被分配到了尼勒克县扶贫办工作。

"到了尼勒克，我感受了她的美丽，美丽得让人陶醉，但也目睹了尼勒克县的贫穷，贫穷得让人伤心，既然来了，我就是参与者、建设者、劳动者，而不是旁观者。"岳朝乡说。

就这样岳朝乡把尼勒克县作为自己的第二故乡，一干就是 12 年，如今他已经在尼勒克成家立业，并且已经是两个孩子的爸爸了，因为他把尼勒克县贫困农牧民忧伤里的那一份期盼当成实现自己人生美好价值的坐标，努力的实践着、拼搏着、奉献着！

记忆篇

前行在希望的大道上

走进尼勒克，总有很多回忆是挥之不去的，她犹如唐布拉大草原绚丽多姿的山花，散发着浓郁的馨香，不经意间，尼勒克县的扶贫事业走过了三十多年的光辉历程。

从 1978 年到 1984 年这 7 年间，随着农村经济体制改革的不断深入，我国的扶贫工作已经被提上了重要的议事日程，那时候全国至少有 40%—50% 的人群处于深度贫困状态。

尼勒克县是从 1981 年开始进行扶贫工作试点的，到了 1982 年结合农村经济体制改革，推行了家庭联产承包责任制，进而极大地激发和调动了广大农牧民的生产积极性，使农牧民收入迅速提升。

在此期间，尼勒克县在全国农村普遍开展有组织、有计划、大规模扶贫开发的背景下，县委、县人民政府扶贫工作指导方针也由过去单纯救济式扶贫向开发式扶贫转变。

国务院颁布《国家八七扶贫攻坚计划（1994—2000 年）》以后，尼勒克县委、县人民政府认真贯彻落实中央的扶贫开发方针、政策，坚持开发式扶贫不动摇，加大了到村入户扶贫工作力度。尤其是从 2001 年起进入扶贫开发新阶段以后，县委、县人民政府认真贯彻落实自治区党委五届八次全委（扩大）会议精神，并就全县扶贫开发工作作出了一系列部署安排，各族人民坚定信念，再战贫困，高歌猛进。自此，尼勒克县的扶贫开发前行在希望的大道上。

（一）只有卑微的贫穷，没有卑微的百姓

贫穷是卑微的，但尼勒克县各族人民群众并不卑微。

贫穷，让尼勒克人知道："贫穷并不光荣"；

贫穷，也使尼勒克人真切地领悟到邓小平同志的论断："贫穷不是社会主义"；

贫穷，更让尼勒克人懂得"不干不脱贫、真干脱真贫、实干能脱贫、大干快脱贫"的基本道理。

贫穷，虽然是人人都不愿意过的生活，但却能成为尼勒克县各族人民群众艰苦奋斗的动力。

1978 年，这是一个干旱的夏天，太阳、空气无情地燃烧着，炽热的骄阳伸出大大的舌头，使劲地舔舐着尼勒克的每一寸土地。

尼勒克人的母亲河——喀什河，那瘦弱不堪的身躯在痛苦地呻吟着，由于旱情严重，草场、农田里的庄稼、田园里的蔬菜，全都枯萎了。

旱灾给尼勒克人民带来的是磨难、更是考验。这一年，尼勒克县全县农牧民人均纯收入仅为91元，粮食歉收造成全县缺口粮58万斤。

在灾荒面前，尼勒克县各族干部群众的心却没有慌。她们在灾难面前不退缩，一方面组织抗灾自救，一方面实事求是报告灾情。为了让老百姓吃饱肚子，政府当年发放救济粮十几万公斤，各公社提前贷粮 40 余万斤，各族农牧民还广泛开展互助互爱活动。这一年，受灾的尼勒克县无一人被饿死，无一人外出当乞丐，无一人因灾上访。

据史料记载，尼勒克县 1980 年的农牧民人均纯收入为 167 元，1985 年农牧民人均纯收入为 307 元，1990 年农牧民人均纯收入为 522 元。

收入不高，但各族人民群众生活的信心足、热情高。

明代思想家吕坤这样说："贫不足羞，可羞是贫而无志。"

那些年，尼勒克县对贫困户支持主要靠以集体帮助为主，辅以国家救济。各族农牧民不等、不靠、不争、不要，凭勤劳，吃粗茶淡饭；靠志气，走脱贫路；重经营，念效益经。

1988 年至 1994 年，尼勒克县共扶贫贴息贷款 1877 万元，主要用于草原建设、养殖业、乳品产业、人畜饮水、输变电线路建设等。其间，新办 25 个扶贫经济实体，新建了 4 个乳品厂、带锯厂、石膏板厂、蜡烛厂、木材加工厂、地毯厂、奶粉厂、沙棘制品厂等应运而生。

依靠国家、集体力量和群众互助，形成的"个案型"扶贫方式，有效保障了全县贫困人口的临界生存需要。为这一时期的尼勒克县的农村经济快速增长和贫困人口的急剧减少提供了强劲动力。农民人均纯收入也由 1978 年的 91 元上升到 1985 年的 307 元，接近全国农民人均纯收入 397.6 元的 77.2%。

20 世纪 80 年代中期，在改革开放政策的推动下，尼勒克县的县域经济快速增长，但由于经济、社会、历史、自然、地理等方面的制约，农村经济社会发展还相对滞后。低收入人口中有相当一部分人的收入不能维持其生存的基本需要。

1986 年，尼勒克县被列为国家级贫困县，全县的扶贫工作进入了一个新的历史时期，当时全县贫困人口为 36741 人，占全县总人口的 20.5%。

经过八年的不懈努力，到了 1993 年，尼勒克县的农民人均纯收入从 1985 年的 307 元增加到 1993 年的 618.26 元，接近当时伊犁地区农民人均纯收入 777 元的 79.57%。

一种精神，是取得成功的力量之源；一个目标，是团结奋进的不懈动力；一种信仰，是砥砺前行的正确航标。

尼勒克县各族干部群众胼手胝足的艰苦拼搏，一代又一代人以梦为马、不负韶华，一任又一任班子薪火相传、接力治贫，各族人民群众团结一心、共战贫困，他们在用艰苦奋斗的精神支撑着扶贫开发，他们在用自强不息的汗水滋润着脚下这片广袤的土地，他们在用坚不可摧的意志博击着"天然贫困"的堡垒，他们在用坚如磐石的决心托举着脱贫致富的梦想。

（二）扶贫羊成为贫困农牧民的"喜羊羊"

1981 年，在尼勒克县扶贫史上注定是一个值得铭记的年份。因为县民政局拨出专款 18 万元，将用于加哈乌拉斯台乡第一、二、三生产小队的 36 户贫困家庭购买生产母羊。这一扶贫试点确认，标志着尼勒克县扶贫工作正式启动。

翌年，发给贫困户的 720 只羊发展到 1562 只，这些贫困户由起步的每户 20 只羊，发展到户均 43 只羊，加上贫困户自留地的各种农作物增产 15%—20%。3 个队的一般贫困户第二年就脱了贫，特困户有 10%脱了贫。

不难看出，尼勒克县委、县人民政府对"天然贫困"是有清醒认识的，在扶贫策略上，对"顽疾"一开始就下了"猛药"，确保"精准诊疗、手到病除"。

如今已 78 岁的克里木哈孜每每提到当年的扶贫羊，就感慨地说："那时孩子多，生活太困难，没有当年的扶贫羊，哪有我今天好日子，扶贫羊是我的救命羊啊。"

克里木哈孜认领扶贫羊的时候已经 40 岁了，算是加哈乌拉斯台乡的第一批贫困户，三年之后他就成了村里拥有 100 多只羊的富裕户了。

这"药方"既然有效果，就继续使用。县委、县人民政府提出了坚持以"扶志、扶本"和集体扶持为主的原则，基层领导干部分片包干，帮助贫困户，既种好自留地和责任田，又要搞多种经营，广开财路、增加收入，让扶贫羊活起来，引导贫困农牧民干起来，确保贫困群众的日子好起来，于是，出台了扶贫羊的规划措施。

1983 年，全县在 9 个乡扶持贫困户 125 户 503 人，当年就脱贫 102 户 416 人，脱贫率达 83%。"扶贫羊就是好，脱贫致富不得了"，在当时的老百姓中流传着这样一句话。

"尼勒克有近 1000 万亩的可利用草场，理论载畜量应该在 130 多万头（只），1983 年全县牲畜存栏总数仅有 50 余万头（只），即便是到了 1994 年，也不过近 55 万头（只），作为一个以牧业为主、农牧结合的贫困县，贫困户多为少数民族，有牲畜养殖经验，'兴牧脱贫'是首选路径，符合尼勒克县的实际，应该说，空间大、路子准、前景好。"时任尼勒克县县委书记的王新民说。

1984 年，尼勒克县贫困农牧民的春天来了。伊犁州将尼勒克县

尼勒克县的草场

作为牲畜流动扶贫试点县，同时组织一部分人到内蒙古参观考察和学习牲畜流动扶贫的经验。9月份，试点工作全面铺开，正是这个时候，全县农村开始牲畜作价归户。处于重度贫困的"西部三乡"和喀拉托别乡从作价归户牧畜中，挑选了4000只品种优良的生产母羊，给4个乡的80户贫困家庭，每户分发了50只扶贫羊。为了减少贫困，减少依赖思想，增强脱贫的主动性，每只羊按30元作价，且是三年一个周期，这些羊作为"扶贫周转畜"，再扶持别的贫困户。三年以后，有61户贫困家庭从"扶贫周转畜"中发了"羊财"，从此走上了脱贫致富的道路。当时，贫困农牧民对"以羊还羊、周转扶贫"的做法非

贫困户的羊群

常欢迎，自治区给予了充分的肯定，尼勒克县委、县人民政府因此受到了自治区的表彰。

时光飞逝，进入 20 世纪 90 年代后，扶贫羊仍然在尼勒克县的扶贫开发中唱主角，因为扶贫羊已经成为贫困农牧民的"喜羊羊"。

1992 年，全县又有 370 户贫困家庭作为重点扶持对象，村里与贫困户签订了三年的回收合同，当年购买了 1.4 万多只扶贫羊，平均每户近 40 只羊。有人说："扶贫羊就是穷人的'小银行'，羊生羊、利滚利，三年以后只还本不付息。"

到了 1994 年的时候，这 370 户贫困家庭的扶贫羊已发展到 2.8 万只，平均每户近 76 只。事实胜于雄辩。那些贫困的农牧民还本的时候，开热亚可是笑着数羊的。（开热亚：哈萨克语，为"老大爷"的尊称）

最令人欣慰的是，1992 年，尼勒克县的 3073 户贫困户、17288 贫困人口中，已经有 3029 户贫困户、17034 贫困人口实现脱贫，脱贫率达 98.5%。

扶贫羊成为贫困牧民的"小银行"

贫困户的扶贫羊

扶贫羊创造了奇迹，扶贫羊成就了贫困农民脱贫致富的梦想。

（三）曙光映照在喀什河上

1994年4月，国务院决定实施《国家八七扶贫攻坚计划》（以下简称"八七"扶贫攻坚），力争到20世纪末最后的7年内基本解决当时全国8000万贫困人口的温饱问题。

尼勒克县2000年的农牧民人均纯收入为693元，历史又一次的把尼勒克带进了扶贫攻坚的主战场，尼勒克沸腾了，世代生活在喀什河两岸的尼勒克县各族人民群众迎来了扶贫攻坚又一道新的曙光。

数字是枯燥的，但数字也是实在的。扶贫攻坚的数字就是"软黄金"，扶贫攻坚的数字更是有情有义的数字。

1995年4月，时任县委书记的赵德忠说："自从1986年戴上了贫困县的帽子，尼勒克县委和县人民政府始终把扶贫作为全县工作的重中之重，农牧民的生产生活条件得到不断的改善，《国家八七扶贫攻坚计划》的实施，已经给尼勒克县带来了明显的变化，我相信，只要我们真抓实干，有党的好政策，有全县干部群众的共同奋斗，我们老百姓的日子将会过得越来越好。"

穷则思变，穷则思干，要干要脱贫。当我们审视这些数字的时候，尼勒克县贫困群众的获得感，已经深深地融化在"八七"扶贫攻坚带来的欣慰之中。

——农村贫困人口明显下降。2000年底，全县人均纯收入达1943元，其中，贫困人口人均纯收入达1194元，比1994年净增501元，增长72%；全县列入《八七扶贫攻坚计划》未解决温饱的农村贫困人口由1995年底的3.3万人下降到2000年底的245户1359人，

喀什河边的草原人家

下降了98%，贫困发生率由1995年的33%下降到2000年的5%以下。七年间，全县累计有5907户34798人次解决温饱。

——县域经济实力明显增强。1994年到2000年，全县工农业总产值由17833万元增加到28397万元，增长59.2%；国民生产总值由22027万元增加到38707万元；地方财政收入由701万元增加到1321万元，增长88.4%。

——生产生活条件明显改善。截止到2000年底，全县投入各类扶贫资金5800余万元，完成中、低产田改造9.6万亩，新修县乡道路550多公里，完成渠道51公里，牧道93公里，学校11所3141平方米，改水41个村，建人畜饮水工程22项，解决了6.9万人、24万头（只）牲畜的饮水困难，17个乡（镇）场全部开通了程控电话。

——社会事业发展明显加快。通过七年多的努力，全县未通广播电视的村已由1994年的50个减少到目前的29个，其中全县广播覆盖率达88.5%，电视覆盖率达96%，改变了封闭落后的状况；农村办

扶贫资金修建的防渗渠

学条件明显改善，适龄儿童入学率已由 1994 年的 95% 提高到 2000 年的 98.6%；乡村医疗卫生机构得到加强。

1994 年至 2000 年的七年间，尼勒克县获得中央扶贫贷款 8735 万元，财政扶贫资金投入 1776．8 万元，以工代赈资金 5649 万元，中央和自治区对口帮扶单位资金 938.1 万元（其中，中国石油天然气集团有限公司和塔里木油田指挥部捐款 675 万元）。其间，投入庭院经济扶贫贷款 1800 余万元，实施了以发展庭院经济为主的"四大扶贫工程"。

1994 年至 2000 年，共落实优惠政策减免贫困户农牧业税 146.9 万元，减免贫困户水费、三项提留、义务工、学杂费等费用约 123 万元，受益贫困户达 6.87 万户（次）。

"八七"扶贫攻坚，尼勒克人是怎么干的？

时任县委书记的丁军生告诉我们："到 20 世纪末要解决全县剩余的 3.3 万贫困人口温饱问题，是尼勒克县委、县人民政府全面落实《国家八七扶贫攻坚计划》的一项义不容辞的政治任务，'西部三乡一场'和木斯乡是尼勒克县'八七'扶贫攻坚的主战场，全县主要实施'四大扶贫工程'，实行干部挂钩扶贫，不脱贫不脱钩，打不赢这场攻坚战决不收兵。"

在实践中，尼勒克县的做法是：

一是摸清家底，明确扶贫攻坚对象。《国家八七扶贫攻坚计划》实施后，为了准确掌握全县的贫困状况，全县组织人员对贫困状况进行了深入细致的调查摸底，并对所确定人均纯收入低于自治区温饱线的 5621 户 33172 名贫困人口一一实行了建档立卡管理，并在此基础上确立了"扶贫到村到户"的工作方针，制定了《尼勒克县万人温饱工程计划》，同时确立了以扶贫攻坚统揽全局的工作思路，将扶贫措施和脱贫计划层层分解到乡、到村，由于政策合理，攻坚对象准确，扶贫措施得力，扶贫工作取得较大成绩。

二是瞄准庭院，实施"四大扶贫工程"。

——"551311"庭院经济。从 1996 年开始，尼勒克县在各级"结对子"包扶干部的参与下，组织兴办了能带动千家万户的庭院经济扶贫项目。在具体实施中，要求贫困户结合实际在庭院内种植 5 分地的果树、5 分地的蔬菜、1 亩地的两高一优高产田，饲养 30 只家禽、10 只生产母羊、1 头奶牛。仅 1996 年全县共有 120 个村开展了庭院经济，直接覆盖和带动了 2800 户 1.6 万贫困人口进行开发性生产。

——"332"移民工程。从 1996 年起到 1998 年，尼勒克县用三年的时间，从最贫困的西部地区共移民了 500 户到其他经济条件比较好的乡场安置，其中插花安置了 300 户，集中安置了 200 户，在木斯乡实施扶贫搬迁工程，新建"兴富村"。

——种植业"33111"致富工程。即 3 年内改 3 万亩低产田为高产田，开发 1 万亩逆温带经济林，推广 1 万亩高产农作物，1 万亩旱作春小麦。

——"千户明白人"科技培训工作。为了改变贫困地区农牧民的

以苹果为主的特色优质林果业

庭院园林

思想观念，进一步提高劳动者的素质，尼勒克县每年都要利用冬闲之际对广大农牧民开展科技培训工作。

三是结对帮扶，落实"一户一策"措施。为保证扶贫帮困工作落到实处，1996 年年初，在 5 个贫困乡（场），县委、县人民政府对全县 371 名副科以上的领导干部明确了帮扶对象和责任；与此同时，伊犁地区又有包括地委书记张国梁同志在内的 347 名干部到尼勒克县与贫困乡（场）和贫困户结为帮扶对子，各乡（场）、村（队）也有 2021 名乡（村）干部、党团员、富裕户与贫困户结为帮扶对子。实行"一对一"的帮扶措施，不仅增强了各级帮扶干部、党团员的责任感，而且也增强了贫困户脱贫致富的信心和紧迫感。

四是定点扶贫，担当重要历史使命。1994 年《国家八七扶贫攻坚计划》实施后，国务院确定由中国石油天然气集团有限公司对口扶贫尼勒克县，自治区党委、自治区人民政府也先后确定自治区计委、土地局、统计局、八钢和武警新疆总队对口扶贫尼勒克县。

几年间，各级对口扶贫单位从人力、物力、财力等方面对该县的扶贫工作给予了大力的支持和帮助。由中国石油天然气集团有限公司投资 240 万元兴建的陶乌拉斯台水利工程，已完工并投入使用，工程共控制灌溉面积 1.86 万亩，保灌面积 1.6 万亩，使贫困的加哈乌拉斯台乡附近的六个村 4960 余人受益，占该县西部地区贫困人口的 20%。除此之外，中国石油天然气集团有限公司还投资 104 万元和 30 余万元，分别在木斯乡建起了石油移民小区和石油学校。

四年里，中央和自治区对口扶贫单位共向尼勒克县投资扶贫款 938.1 余万元，这些资金的到位，为缓解尼勒克县的贫困状况，改善贫困地区的基础设施建设发挥了积极的作用。

当人们在仰望天空的时候，当众人以幸福的笑容迎来"八七"扶贫攻坚曙光的时候，尼勒克人却在凝望着脚下延伸的路有多远。他们，不问收获，但问耕耘。其实，耕耘的本身就是一种收获！

有记忆的生命才是刻骨铭心的，有记忆的故事才是难以忘怀的。尼勒克县的扶贫开发事业一路走来，无论苦涩、无论甘甜、无论欣愉、无论忧伤。"八七"扶贫攻坚只是起点，不是终点，扶贫攻坚还在路上，希望在远方、抗争在延续、斗志在增强，尼勒克人就是这样，加勒也多（哈萨克语，意：好样的）！

推进篇

新世纪的一抹暖阳

在 21 世纪这个充满希望的时代里，尼勒克县的扶贫开发迎来了新世纪第一个十年辉煌。

《中国农村扶贫开发纲要〔2001—2010 年〕》〔以下简称：十年《纲要》〕发布和实施的 10 年，是尼勒克县扶贫开发工作统筹协调推进有力的十年，是尼勒克县各族贫困群众得到丰厚实惠的十年，是尼勒克县贫困乡村生产生活条件得到进一步改善的十年，是尼勒克县进入

万丈霞光映照在美丽的唐布拉大草原

21 世纪后发生翻天覆地变化的十年。

整村推进"五通""五有""五能"目标，使到村入户扶贫项目落实得更加扎实，尼勒克县的"五个整合"给新疆整村推进扶贫开发提供了可资借鉴的经验，实现了扶贫资源利用的最优化，扶贫综合效益的最大化。

十年，留下了尼勒克县各族人民群众力战贫困的历史烙印。这十年来的新成就、新变化，使每一个尼勒克人真切地感受到了新世纪的那一道暖阳。

2000 年，国家制定的低收入扶贫标准为 865 元；到 2007 年底，调整为 1067 元。此后，随着消费价格指数等相关因素的变化，扶贫标准上调至 1196 元。按照国家的扶贫标准，2001—2010 年的十年间，尼勒克县农村累计脱贫 2.1 万人。

无论如何尼勒克县各族人民已经在摆脱贫困、追赶小康的路上取得了跨越式发展，勤劳勇敢的各族人民仍然在锲而不舍地建设着属于他们自己的那一个梦想的家园。

从独山子到库车的公路

中国石油天然气总公司扶贫办高红（右二）一行在尼勒克县苏布台乡实地走访调研

（一）整村推进的火把照亮贫困村

新疆维吾尔自治区根据国家十年《纲要》提出来的新阶段扶贫开发内容和途径，制定了既符合新疆区情，且具有新疆特点的整村推进"五通""五有""五能"目标内容。

2004年4月，自治区扶贫办副主任陈雷一行三人专程来尼勒克县就整村推进进行了专门调研。

调研的主题是：尼勒克县扶贫开发整村推进是怎么推的？这些贫困村究竟有什么变化？

"实践证明，以整村推进为主要方式的新阶段扶贫开发工作经过推广与实施，已经成为推动尼勒克县贫困乡村经济社会发展的重要举措。应该说，整村推进在引领贫困乡村兴村富民的道路上显示着巨大的能量。如果说尼勒克县贫困乡村已经发生了巨大变化的话，那是整村推进的结果。"时任尼勒克县县委书记的李新军说。

整村推进的具体内容是："五通"，即通水、通电、通路、通电话、通广播电视；"五有"，即有学上、有医疗保障、有科技文化室、有集体经济收入、有强有力的村级领导班子；"五能"，即能用上安全饮用水、能用上电、能有一项以上有稳定收入来源的生产项目、能住上经济适用房、能及时得到培训和获得信息、参与项目实施。

应该说，这 15 项具体指标是农村进入小康社会 16 项指标涵盖的最基本的内容，也是小康建设的基础。因此，可以说落实和实现整村推进 15 项具体指标是贫困乡村建设小康社会不可逾越的历史阶段。

"在实际工作中，由于财政专项扶贫资金量小，满足不了'五通''五有''五能'的实际需求，扶贫部门'孤军作战'，全区整村推进工作难度很大，听说尼勒克县推的很有成效，自治区扶贫办这才成立一个调研组专门来了解真实情况。"陈雷说。

在 5 天的调研中，调研组终于在尼勒克县找到了答案。

尼勒克县整村推进给调研组提供的基本经验是"五个整合"。主要是指，对人力、财力、物力、信息、产业等 5 个方面，按照整村推进总体布置，合理配置，明确分工，责任到领导，任务到部门，形成高位推动、社会互动、上下联动的共推合力，确保全县的扶贫开发整村推进工作迈上新台阶。

——整合人力资源，做到统筹兼顾。为了加大整村推进工作力度，尼勒克县委、县人民政府响亮地提出了："举全县之力、集全民之智、解群众之贫"。5000 多人投身到整村推进的各项工作和活动之中。中国石油天然气集团有限公司塔里木油田分公司，不仅援助资金，而且派出 2 名干部在县委、县人民政府担任领导。州直党政机关按照伊犁州党委、州人民政府"万名干部结对子扶贫工程"的任务和要求，与全县扶贫工作相结合，州机关、企事业单位的 843 名科级以上干部与贫困户"结对子"，40 多名驻村帮扶干部到尼勒克县对第一轮重点村进行帮扶。县委、县人民政府主要领导在整村推进工作中挂帅，主持并协调各项工作开展，第一轮 16 个重点村由 18 名县级领导定点包村，限期完成整村推进任务。从县直机关单位选派的 16 名优秀青年干部，落脚 16 个重点村专门协调整村推进的具体工作。全县由 375 名科级领导带领机关、企事业单位干部职工进行对口帮扶，乡、村两级也组织干部职工和党员、富裕户在全县广泛开展"四带""五起来"帮扶到户活动。"四带"即带着感情去乡村、带着亲情去农家、带着激情去蹲点、带着热情去扶贫；"五起来"即房子亮起来、院墙围起来、院内绿起来、家禽养起来、劳务输出动起来。千名扶贫大军活跃在贫困农牧区，帮扶力量由过去的"一帮一"变成了现在的"多帮一"，帮扶效果显著提高。

在整合人力资源中，开发思想精神方面的资源是该县帮助贫困人口摆脱贫困的一项重要内容。全县农牧区普遍开展了与整村推进内容相合拍的"四大系列"精神扶贫活动。一是以送政策、送科技、送教育、送文明为内容，开展"直面贫困，精神扶贫主题教育活动"；二是以送衣、送物、送钱为内容，开展"救助贫困，让失学青少年重

国务院扶贫办考核组检查尼勒克县贫困户档案管理工作

时任县委书记吴奉军（右一，现任博尔塔拉蒙古自治州党委常委、常务副州长）与塔里木油田公司定点扶贫工作调研小组领导进行工作交流

返校园活动"；三是以送电视为内容，开展"关爱贫困，电视扶智到千家活动"；四是以"一带二"为内容，开展"走进贫困，和万名贫困群众交朋友活动"。使精神扶贫活动成为"尼勒克县千人扶贫行动"的有效载体，干部动真感情，下真功夫，用实际行动来感动贫困群众，帮助贫困户定规划、定措施，选准突破口，一户一策，明确主攻方向，解决实际困难，使贫困农牧民深受感动和启发。

经过一遍遍的教育、一回回的沟通、一次次的帮助，广大贫困户增强了战胜贫困的信心和力量。据不完全统计，帮扶干部积极组织召开家庭扶贫座谈会，广泛和贫困群众拉家常、交朋友，共计填发一户一策、分类脱贫任务表 5199 张。全县党员干部的真情扶贫唤醒了许多贫困农牧民自我脱贫的意识，贫困乡村出现了"三多三少"（即干活的人多了，闲散的人少了；参加科技培训的人多了，路边晒太阳的人少了；外出打工的人多了，守家熬日子的人少了）。据统计，全县

2004 年在人力资源开发方面，仅贫困户劳动力输出就达 7921 人，劳务输出增收可达 70 元。

该县在整村推进工作中，从组织领导到干部入户，确保"真扶"与"真干"有机结合，为贫困农牧民增收和整村推进工作奠定了良好的基础。社会各界积极响应县委、县人民政府的号召，尤其是州直机关的领导干部们以解决贫困户的实际困难为己任，以带领贫困户脱贫致富为目标，和贫困户情同一家。原伊犁哈萨克自治州党委书记张国梁带头与尼勒克县的两户贫困户结为帮扶对子，其中在苏布台乡套苏布台村帮扶的一户名叫才依扎达的哈萨克族群众是该村有名的特困户，全家共 9 口人，只有一名男劳力，妻子长年有病，1996 年人均收入不足 120 元。自从与张书记结为帮扶对子后，张书记每年都要亲自或委托他人到才依扎达家了解生产、生活情况，帮助制订生产计划，发展家庭养殖业。到 1999 年底，张国梁书记帮扶的这一户已发展到拥有羊 67 只、牛 3 头、马 5 匹、果树 45 棵，人均收入已实现

伊犁州尼勒克县选派"两后生"赴伊犁州技师学院进行职业教育

1054 元，超过了自治区确定的温饱线，顺利实现脱贫。

——整合财力资源，确保资金投入。整合财力资源是整村推进最实质的内容。在整村推进过程中，尼勒克县委、县人民政府坚持做到：统筹规划，优先考虑，资金联动，综合推进，项目到村，受益到户。全县以 1170 万元的政府专项扶贫资金为"酵母"，吸纳汇聚各类资金 6887 万元用于整村推进，使分散单项的各类资金被有机地捆绑起来，确实达到了"集中财力办大事"的目的，为贫困乡村的群众办了多年来想办能办、但却没有办到的大好事，也确实用实践验证了自治区整村推进政策的正确性和前瞻性。仅 2004 年，重点村整村推进除了财政扶贫资金之外，从其他各种渠道整合资金达 5717 万元，为整合总量的 83%。保证了以"五通""五有""五能"为内容的整村推进 15 类项目得以全面实施。

——整合物质资源，注重到村入户。多渠道、多途径地集中物质资源投入整村推进是扶贫开发工作的一个十分重要的环节。县、乡、

家家户户通电话

村三级党政对整村推进工作齐抓共管，把"五通""五有""五能"的项目任务分解到"三级责任人"，能物化的就物化，因地制宜，切实帮助贫困村和贫困户解决现实困难。2004年，伊河建管局向加哈乌拉斯台乡捐赠了450吨水泥，为该乡基础设施建设作出了很大贡献；县电信局无偿提供35套"万里通"和其他电信设备，保证贫困村在3个月内通上电话。

——整合信息资源，加快开发进程。信息资源的开发利用在整村推进过程中具有十分重要的实际经济价值。长期以来，由于信息闭塞，贫困农牧区思想观念长期处于封闭落后的状况，经济发展处于自然经济困境而无法自拔，人民生活水平始终没有大的提高。县委、县人民政府把信息资源的整合和开发作为整村推进的重要内容，作为改善贫困人口精神面貌的重要举措，并取得了一定成效。首先，加强贫困农牧区信息产业的建设，引进激励机制，提高信息服务的质量，更好地为贫困乡村整体推进和农牧民生产生活服务。通过提供优惠政策，给予资金补助和优惠政策等方法，鼓励邮政、电信、移动、联通、广播电视等信息部门积极为贫困乡、村开发信息资源办实事。全县第一轮16个重点村，年初有8个村不通电话，当年全部实现通话；原有4个村不通电视，当年全部开通。据不完全统计，在改善贫困村信息基础设施建设方面，共投入资金约460万元，其中的近70%，共计320万元来自社会扶贫投入。其次，加大贫困农牧区信息流量的建设，引入有偿服务机制，加大了信息的使用量，使重点村的贫困农牧民利用信息致富成为可能。再者，通过各种帮扶方式，疏通、建立信息渠道。实践证明，信息是开发贫困农牧区资源、加速其经济建设和改善贫困群众生产生活的金钥匙。扶贫开发离不开信息，信息就是生产力，信息就是效益。

——整合产业资源，突出扶贫实效。县委、县人民政府把种植业、养殖业、林果业和家庭手工业作为巩固温饱、提高收入的主导产业，全力扶持中兴公司、天一亚麻、伊力特乳业、秦富公司、天汇蜂业、唐布拉黑蜂基地、新疆大联盟生物食品等 7 家扶贫龙头企业，带动贫困地区发展相关产业，努力提高贫困地区的产业化水平。事实证明，这些龙头企业在尼勒克县的运作与经营，给全县的产业扶贫增添了活力，在全县的扶贫开发工作中，尤其是在培训、消化贫困户劳动力、帮助贫困户增收方面发挥了重要作用。同时，县委、县人民政府还积极拓宽增收渠道，鼓励支持农牧民投入二、三产业，按照"每家 1 头牛、10 只羊、50 只家禽、种植 5 分地蔬菜，庭院有适量果树，有一名能掌握生产技术的明白人，有一名外出创收的打工人，有一名学有所成的读书人"这一量化标准和州政府"贫困户庭院经济开发建设工程"的要求，全面启动"安居乐业庭院经济扶贫工程"。可以说，产业扶贫资源的整合与开发给尼勒克县的扶贫开

尼勒克县的旅游地

贫困户喝上自来水

发插上了腾飞的翅膀。

在苏布台乡克其克苏布台村贫困户阿西木家中，自治区扶贫办调研组的同志看到拧开水龙头有自来水，拉开电灯有电，打开电视有节目，打开手机有信号，贫困户住上了新房子，庭院里种上了蔬菜，实实在在地看到贫困群众的生活环境、生活质量有了明显提高，大家会心地笑了。

整村推进是扶贫开发的"金钥匙"，是推动十年《纲要》的"主火力"，是瞄准贫困的"催化剂"。

调研组给出的综合绩效评价概括为16个字，即"减贫增收，兴村富民，整村推进，统筹发展"。

透视新阶段，解读尼勒克。整村推进犹如一团火把，照亮贫困村，温暖贫困户，催生着幸福，播撒着希望。

（二）十年《纲要》写喜悦

《中国农村扶贫开发纲要（2001—2010 年）》的实施，让尼勒克县发生了翻天覆地的变化，贫困农牧民在脱贫致富的道路上迈出坚实的步伐。

只有努力才能改变，只有奋斗才有出路。奋斗不在"婴儿"的沉默中，而在她生生不息、继往开来的拼搏中。尼勒克县各族人民群众正是用奋斗书写着十年《纲要》带来的喜悦。

《纲要》实施的十年，是尼勒克县各族干部群众锐意进取、艰苦奋斗的十年；是尼勒克县扶贫开发创新机制、奋勇争先的十年；是尼勒克县扶贫开发取得举世瞩目成就的十年。县委和县人民政府始终坚持新阶段的扶贫工作的主导方向和工作措施，注重"一个瞄准、三个重点"。"一个瞄准"就是紧紧瞄准贫困人口和贫困地区。"三个重点"：一是以整村推进为切入点，努力改变生产生活条件，全县确定 40 个贫困村，覆盖了 80% 的农村贫困人口；二是以贫困劳动力转移培训为切入点，努力提高贫困人口的综合素质，这是新阶段扶贫开发工作最突出的特点，最大限度地实现贫困劳动力转移和就业；三是以产业化扶贫为切入点，带动贫困地区调整产业结构，增强经济发展活力。

十年《纲要》实施期间，尼勒克县获得各类扶贫资金 4761.5 万元，其中财政扶贫资金 814 万元，以工代赈资金 2017 万元，信贷扶贫资金 1674 万元，对口帮扶单位援助资金及其他资金 256.5 万元。尼勒克县利用这些扶贫资金重点落实开发性项目。其中，修建防渗渠 133.89 公里，桥涵闸 290 座，改扩建道路 97.7 公里，解决了 16 个村，21800 人 84100 头（只）牲畜的饮水困难问题，集中搬迁贫困户 45 户 203 人，用财政扶贫到户养殖业资金 294 万元扶持 760 户贫困户发展家庭养牛业。40 个贫困村达到整村推进验收标准，生产生活条件

给贫困户发放鸭苗

明显改观，贫困村村容村貌发生巨大变化，展现在世人面前的是一派新农村的美好景象。

这十年，开发水平切实提高。县委、县人民政府对扶贫开发工作高度重视，2004年尼勒克县扶贫开发工作被评为伊犁州第一名，当年在自治区扶贫开发工作考核验收中被评为全疆第一名；2005年2月，自治区扶贫开发整村推进现场经济交流会在尼勒克县成功召开，同年4月，伊犁州扶贫开发工作现场会在尼勒克县召开。国务院扶贫办主任刘坚来尼勒克县视察扶贫工作时，对尼勒克县扶贫开发工作给予了充分的肯定。

这十年，贫困程度切实缓解。全县农牧民人均纯收入由2001年的1981元提高到2010年的5833元，净增3852元，年均增长21%，比全区平均水平高6个百分点；农村居民恩格尔系数由2001年的0.67下降到0.5，下降了近17个百分点。

十年《纲要》的实施，使光荣与梦想照进了尼勒克人民群众的生活，更重要的是让尼勒克这个国家级贫困县步入了发展的快车道。在尼勒克县这片崛起的土地上，扶贫开发已经在各族人民群众的心中矗立起一座丰碑。

通过十年的艰苦努力，全县的扶贫开发事业从以解决温饱为主转入了巩固温饱成果、加快脱贫致富、改善生态环境、提高发展能力、缩小发展差距的新阶段。

"十年《纲要》的实施，取得了举世瞩目的新成绩，更让我们从实践中看到，贫困县面临的主要问题是发展，作为贫困县，必须以科学发展带动扶贫开发，坚持开发与救助并举，实施到村入户、分类扶持，不断提高贫困农牧民自我脱贫的'造血'机能，走出富民强县的新路子。"时任尼勒克县县委书记的吴奉军说。

尼勒克县的各族党员干部以扶贫开发的担当与使命，以强烈的宗旨意识和无私的奉献精神，实践着"新疆效率"，抒写着"新疆速度"。在开发式扶贫中，尼勒克县做到了"十二个坚持"，一是坚持建档立卡、到村入户，确保扶贫监测"一户一策"脱贫措施的落实；二是坚持突击重点、分类扶持，确保扶贫开发效益到户，扶贫政策惠及贫困人口；三是坚持安居富民、定居兴牧，确保贫困农牧民安居乐业，实现自我脱贫；四是坚持产业扶贫、龙头带动，确保贫困农牧民收入水平的稳步提高；五是坚持定点扶贫，帮扶到户，确保为贫困群众提供最直接、最有效的帮助；六是坚持转移培训、稳定就业，确保贫困劳动力依靠非农就业，增加工资性收入；七是坚持整村推进、连片开发，确保对贫困乡村实施大规模的综合性开发与治理；八是坚持科技扶贫、扶智增效，确保扶贫开发的科技含量不断增加；九是坚持社会扶贫、构建和谐社会，确保全社会力量参与扶贫开发；十是坚持援疆扶贫、强势投入，确保扶贫开发与新农村建设力度加大；十一是坚持吸引外资、绿色扶贫，确保广泛开展国际扶贫交流与合作；十二是坚持开发救助、两轮驱动，确保合力攻坚，加快进程，探索和实践科学的扶贫观，全方位推进社会稳定与经济的快速发展。

科技扶贫成果展示

（三）外资扶贫创新模式增添活力

国际农发基金新疆贫困地区农村综合发展项目是由国际农业发展基金（IFAD）提供高度优惠贷款的农村综合发展项目，项目目标是通过实验创新扶贫模式，推动政府与其他合作部门致力于减少绝对贫困并提高粮食安全，通过可持续的、关注女性的方式降低项目区的贫困发生率。尼勒克县是国际农发基金新疆贫困地区农村综合发展十个项目县之一。农发基金重点是瞄准贫困户，实施参与式扶贫，创新国际减贫新模式，拓展可持续发展的新理念。

国际农发基金项目自 2008 年 4 月 29 日正式生效，2014 年 6 月 30 日竣工，项目实施期六年。项目覆盖全县 40 个扶贫开发工作重点村，使 2 万余农户受益。项目涉及自然资源管理、农业开发、支持妇

国际农发官员和国务院扶贫办外资中心领导在贫困农牧民家中走访

女发展战略、小额信贷、支持机构建设和项目管理五个模块。尼勒克县国际农发基金项目建设主要内容为每个模块包括若干个子模块，模块为项目实施的基本单元，模块的选择按照尼勒克县的社会经济条件确定为农田保护和改良、参与式技术推广、畜牧养殖、科技特派员建设、有机农产品协会建设、妇女小组、妇女协会、支持农村信用社、村级信贷基金、参与式村级规划、机构支持与项目管理。

尼勒克县始终将参与式方法贯穿于项目实施的始终，把农民自我参与和自我管理能力的培养切实落实到项目实施中去，认真贯彻农发项目"民管民用"的指导思想，让项目的执行权和发展责任赋予参与项目的农民，真正调动贫困农牧民的积极性和主动性，真正激发起贫困农牧民的内生动力，做到理念正确、方法得当、目标准确，在项目中体现合作、创新、发展。

该县积极挖掘优势资源，打造农牧民增收平台，拓展农牧民收入渠道，以发展为主线，以可持续为理念宗旨，解决了许多贫困农牧民想解决而不能解决的问题。项目实施效果好，影响深远。

——贫困农民素质明显提高。通过项目实施，项目区许多农民接受了农业、畜牧、林业方面的生产技能培训，掌握了1—2门农业生产技能和实用技术，提高了农业生产技能和科技应用水平，同时，农牧民市场经济意识不断增强，传统观念得到改变，增强了持续发展的能力。调查结果显示，项目区100%的项目培训农户都通过培训获得技能并开展了经济创收活动。

——农业产业结构更趋优化。项目通过农业示范、草场保护、养殖示范、林果建设等项目活动，改变了偏远项目区的传统生产方式，使项目区经济结构明显变化，初步形成了依托优势资源、因地制宜、合理开发，能够带动农村经济快速增长的特色产业，为项目区农牧业持续发展、农民持续增收创造了条件。

——妇女社会经济地位提高。在项目执行过程中，各类农民培训、职员培训参加者中女性分别占62%、68%，这为妇女提供了更多学习机会，提高了妇女的生产生活技能。在整个项目的直接参与人中女性人数达到了61%，有些子项目的受益人数中女性占到了80%—100%，发挥了妇女在实现增收致富当中的积极作用，提高了农村贫困妇女的地位和整体综合素质。

——项目整体扶贫效果显著。充分利用国际农发基金项目的支持建立新的扶贫模式，大力整合了扶贫资源，实现了扶贫工作主体的多元化；项目区农户已普遍从项目中受益，整体扶贫效果明显。项目的实施使农民生活水平大为改观，通过形式多样、多角度的项目支持，项目农户抵御自然风险和自我发展能力较项目实施前有明显提高。

——项目区生态环境大为改观。通过实施草场恢复、棚圈建设等项目，可有效缓解草场载畜压力，遏制天然草场退化，增加草场面积；生态林、经济林、薪炭林等项目的实施，增加了森林覆盖率，起到了防风固沙、减少水土流失的作用，有效地改善了生态环境，促进了项目区生态环境的可持续发展。

——项目管理体系日趋成熟。国际农发基金项目的实施，锻炼和培养了一批项目管理人才，提高了他们管理项目和服务农业农村的能力。一整套项目管理体系已经在自治区和项目县建立并日趋成熟。提升了扶贫资金项目的管理理念，给扶贫资金安全有效的运行提供了值得借鉴的经验，项目所产生的滚动效益，为贫困农牧民脱贫致富奠定了基础，加快了尼勒克县经济社会发展步伐。

国际农发基金项目作为扶贫开发工作的重要组成部分和补充，尼勒克县在项目设计和实施中做到"四个结合"，即与农牧民增收相结合，与项目区产业结构调整相结合，与其他农业综合发展资金相结合，与环境改善和可持续发展相结合。使项目既体现了扶贫开发的项目宗旨，也充分调动了农牧民参与项目的积极性和主动性，还结合了其他资金投入扶贫，以此建立了扶贫开发的长效机制。这种工作思路和国际农发基金项目的有效结合，使全县的扶贫开发工作呈现多元化、多层次、立体式、相互补充、相得益彰的发展态势。

精准篇

决战贫困震撼新时代

　　2011 年底，中共中央、国务院印发了《中国农村扶贫开发纲要（2011—2020 年）》（以下简称：新十年《纲要》），尼勒克县扶贫开发在分享和吸收着新世纪第一个十年扶贫开发《纲要》积聚的经验基础上，县委、县人民政府的扶贫开发思路不断完善、机制不断创新、措施不断强化，续写着新十年《纲要》的光辉史册。

"我们将把'中央以及自治区党委的要求，就是我们的政治任务'，把'不摘贫困帽，就摘乌纱帽'作为我们的庄严承诺，以改天换地、重整山河的气魄战胜贫困；以只争朝夕、时不我待的精神创造扶贫开发'新疆效率'；以高效务实的作风服务基层和贫困群众；以后发赶超的气势破解民生难题，动员全县各级干部群众投身到脱贫攻坚这场硬仗中。"这是县委书记周立新于2016年1月7日在新疆扶贫开发工作会议上铿锵有力的表态发言。

　　打响脱贫攻坚战的几年里，尼勒克县采取超常规举措，拿出过硬办法，动员社会各界力量，横下一条心，拧成一股绳，撸起袖子，精准发力，农村贫困人口显著减少，贫困发生率持续下降，农牧民生产

中共尼勒克县委十三届二次全委（扩大）会议

打草的季节

生活条件显著改善，贫困群众获得感显著增强，脱贫攻坚取得了决定性进展。

2018年，戴了32年的贫困帽子终于被摘掉，尼勒克县委、县人民政府给党和人民交出了一份满意的答卷。

打赢脱贫攻坚战，温暖着各族人民群众的心，也温暖着这个伟大而又和谐的新时代。

（一）"十驾马车"拉动脱贫攻坚

天地之大，黎元为先。

初心引领担当，使命赋予责任。打赢脱贫攻坚战，这是以习近平同志为核心的党中央给各族人民群众的庄严承诺，这是中国共产党进入新时代的一个神圣而又光荣的历史使命，这是一场只能赢不能输的攻坚战，这是一场不留"锅底"、没有任何退路的攻坚战，这是一个"战场"，也是一个"考场"。

尼勒克县委、县人民政府清醒认识把握打赢脱贫攻坚战面临任务的艰巨性，清醒认识把握实践中存在的突出问题和解决这些问题的紧迫性，不放松、不停顿、不懈怠，提高脱贫质量，聚焦重度贫困乡村，扎扎实实把脱贫攻坚战推向前进，以精准扶贫的"尼勒克答卷"，向贫困发起总攻。

"行百里者半九十"，扶贫难、攻坚更难、打赢攻坚战更是难上加难，剩下的 27118 人的贫困人口，其实都是最难啃的"硬骨头"。为此，县委、县人民政府以社会稳定和长治久安为着眼点和发力点，研究制定脱贫攻坚的"尼勒克县方案"，注重脱贫攻坚政策的精准落地，注重脱贫攻坚目标的综合施策，注重脱贫攻坚对象的内生动力，注

县委书记周立新（右一）深入基层开展工作调研

重脱贫攻坚质量效果。坚持树牢"一个总目标"。即实现新疆社会稳定和长治久安；完成"三项任务"，确保 2017 年全县 7555 户 27118 人建档立卡贫困人口实现稳定脱贫、40 个贫困村退出、贫困县摘帽的总体任务；瞄准"一个主战场"，即喀拉苏、苏布台、加哈乌拉斯台"西部三乡"，依托"十驾马车"，拉动精准扶贫、精准脱贫目标的实现。

——聚焦"总目标"，依托稳定统领扶贫。实现社会稳定和长治久安，是党中央治疆方略的核心要义，是统领新疆各项工作的总纲，是新疆工作的核心任务。新疆是反恐维稳主战场，也是脱贫攻坚主战场，反分裂斗争与反贫困问题相交织，脱贫任务重，攻坚难度大。尼勒克县在维护新疆稳定和打赢脱贫攻坚战中是"双重点"，艰巨繁重的反恐维稳任务是摆在尼勒克县委和县人民政府面前重于泰山的政治责任，面对稳定与脱贫双重任务的严峻挑战，他们坚定站稳政治立场、把准政治方向、提高政治站位、强化政治担当，自觉践行"四个

尼勒克县脱贫攻坚工作第一季度推进会

尼勒克县喀拉苏乡民兵正在演练培训

意识"，切实增强广大党员干部维护社会稳定的主体意识。

"牵牛要牵牛鼻子，套马要抓套马杆。"尼勒克县委和县人民政府善于抓住主要矛盾，在社会稳定的大局中，赢得打赢脱贫攻坚战的主动权，他们坚持统筹稳定与发展，着眼稳定全局，重视从思想上提高全县党员干部对社会稳定与长治久安极端重要性的认识，深刻把握包括脱贫攻坚在内的各项工作服从服务于总目标的重要意义，将维护稳定放在各项工作的首位，始终把脱贫攻坚放在社会稳定和长治久安大局中进行谋划和推进，用总目标统领全县的脱贫攻坚工作，使脱贫攻坚的战场推进到哪里、反恐维稳的阵地就巩固到哪里、社会稳定和长治久安的基础就夯实到哪里。

"没有稳定，一切都为零。没有稳定，再好的脱贫攻坚规划都难以实现，甚至已经取得的脱贫攻坚的成果也会失去。因此，不打败'三股势力'的挑战，新疆就不得安宁，尼勒克县也不会安宁，脱贫攻坚就没有良好环境，各族人民群众就不能安居乐业，摘掉贫困帽将

农牧民参加升国旗仪式

成泡影。我们只有牢牢聚焦总目标，才能确保尼勒克县的脱贫攻坚有保障、叫得响、打得赢。"尼勒克县县长木拉提·巴依霍加说。

——围绕"摘穷帽"，依托方案推动扶贫。战鼓已擂响，战马在嘶鸣、战旗在飘扬。古往今来，有多少"战役"是真正为了老百姓而打的？然而这场史无前例的脱贫攻坚战，已经气势恢宏地铺展在中华大地上，这场战役的终极目标就是把各族贫困群众全面带进小康社会。

"尼勒克县方案"正是这场战役的一个篇章。它展示着尼勒克县委和县人民政府在这场战役中的谋略，凝聚着尼勒克各族人民群众的智慧。

为了打赢这场战役，尼勒克县委和县人民政府专门出台了《关于深入贯彻落实习近平总书记重要讲话精神　坚决打赢尼勒克县脱贫攻坚战的实施方案》。提出了社会稳定统领脱贫攻坚的总体要求，以"两年脱贫、两年巩固、一年提升"为基本规划，坚持县、乡、村三级书记一起抓，以扶贫开发领导小组成员单位、"访民情、惠民生、聚民心"驻村工作队、援疆扶贫、社会扶贫、对口支援等为"五大抓手"，落实精准扶贫"六项政策"，严格脱贫攻坚"九大机制"，做到聚焦总目标、思想认识、政策保障、资金投入、产业带动、项目安排、民生服务、社会帮扶、援疆支持、责任落实等"十个到位"。

安排了时间表。处理好"节点"与"节奏"的关系，梯次推进，打好年度脱贫战，不断向决战全胜迈进。根据打赢脱贫攻坚战总体方案，力求构建脱贫攻坚大格局，这几年，县委和县人民政府以及相关部门出台了上百个脱贫攻坚专项文件，统一组织编制了尼勒克县"十三五"脱贫攻坚规划，同时，制定形成了尼勒克县脱贫攻坚的"1+N"方案体系。

——拿出"组合拳"，依托政策保障扶贫。紧盯财政政策、金融政策、资产收益政策、用地政策、人才政策、脱贫激励等"六项政策"要求，突出保障对象，切实摸清贫困户和贫困人口的底数，确保

2016年4月，尼勒克县"就业扶贫百村行"走进贫困乡镇喀拉苏乡吐普辛村

贫困识别全覆盖、无盲点、零遗漏；突出保障重点，把握好脱贫攻坚的主战场、重要突破口和关键点，因地制宜、因人施策，确保脱贫一户、稳定一户；打好政策"组合拳"，确保脱贫攻坚政策效益精准到户、精准到人，为全县打赢脱贫攻坚战提供有力保障。

——规划"路线图"，依托规划强化扶贫。重点围绕脱贫攻坚规划的内容，强势推动脱贫攻坚工作。主要实施"五个一批"，即：发展生产脱贫一批、易地搬迁脱贫一批、生态补偿脱贫一批、发展教育脱贫一批、社会保障兜底一批。全力推进脱贫攻坚"十四个专项行动"，即：发展产业带动专项行动、转移就业专项行动、易地扶贫搬迁专项行动、生态补偿脱贫专项行动、教育扶贫专项行动、社会保障兜底专项行动、农村危房改造和环境整治专项行动、民生改善专项行动、突破瓶颈制约专项行动、现代文化引领专项行动、金融扶贫专项行动、社会扶贫专项行动、援尼扶贫专项行动、"强市带弱县"与兵

贫困乡村健康扶贫进村活动日

地融合扶贫专项行动，集聚"火力"、精准发力。

——用好"指挥棒"，依托机制督导扶贫。健全传导体系，责任到边到底，落实"九大机制"，即：精准扶贫机制、组织保障机制、纵向联动机制、横向协同机制、队伍保障机制、社会动员机制、扶贫宣传机制、脱贫评估机制、督查考核问责机制。全县实施脱贫攻坚"一把手"工程，县、乡、村"三级书记"一起抓，层层签订责任书，乡乡立下"军令状"，全县上下任务分工明确，责任传导到底到边，通过加强组织领导、强化责任落实、凝聚扶贫合力、切实转变作风、严格考核奖惩、营造舆论氛围等 6 个方面，不断完善责任体系，严格考核和落实脱贫攻坚责任制，形成了人人身上有责任、脱贫攻坚没有局外人的大氛围，确保全县贫困村退出，从而实现全县脱贫"摘帽"。

——打造"资金链"，依托项目支持扶贫。严格用好财政专项扶贫资金，积极推动贫困县建立风险补偿金，落实 5 万元无担保贫困户小额扶贫贷款政策。编制县级财政购买服务滚动预算，融资长期优惠贷款 1.8 亿元，实行城镇化建设、新农村建设、易地扶贫搬迁、旅游开发、转移就业一体化推进，开辟脱贫攻坚新途径。

——共建"契合点"，依托援尼协作扶贫。和对口援疆的江苏省武进市积极建机制、搭平台，将 80% 以上的援疆资金安排在县及县以下的民生领域以及脱贫攻坚领域。主动对接中央定点扶贫单位中国石油天然气集团有限公司，全力支持尼勒克县脱贫攻坚工作。做好地方和兵团、伊犁州州直奎屯市与尼勒克县开展协作扶贫，实现了扶贫协作领域的新突破。

——深化"访惠聚"，依托驻村直通扶贫。在第一轮为期 3 年的干部驻村开展"访民情、惠民生、聚民心"活动基础上，按照自治区党委、政府印发的《关于深入开展"访民情、惠民生、聚民心"活动健全干部驻村（社区）工作长效机制的意见》，持续开展为期 5 年的新一轮"访惠聚"活动，使"访惠聚"成为精准扶贫的"直通车"，推动各级干部下沉基层、深入一线，直面贫困户，直接服务群众，畅

中石油扶贫物资到乡村

通群众解决脱贫难题的"绿色通道"，着力维护社会稳定、建强基层组织、拓宽致富门路、开展思想教育、办好实事好事、推进脱贫攻坚。

"访民情、惠民生、聚民心"活动助力尼勒克县精准扶贫，2014年年初以来，州、县、乡多个"访民情、惠民生、聚民心"驻村工作队，紧紧围绕社会稳定和长治久安总目标，以争取人心、做好群众工作为统领，以促进民族团结、宗教和谐为重点，以开展群众路线教育实践活动为切入点，着力在转变干部作风、加强民族团结、促进宗教和谐、保障改善民生、维护社会稳定、强化基层基础等方面取得突破性进展，打好长治久安坚实基础。驻村工作队与贫困乡村无缝对接，工作队员千方百计帮助群众排忧解难和脱贫致富。

近两年来，伊犁州审计局驻赛普勒村"访惠聚"工作队从细处着眼、从实处入手，做好建强组织、引领致富、帮扶解困等工作，先后在基层组织建设阵地、环境卫生整治、购置办公设备等方面投入资金

96 万元，解决了 314 户庭院经济和 2700 亩耕地的灌溉问题，修建绿化带 15000 平方米，村容村貌焕然一新。赛普勒村第一书记、工作队队长军卡说："希望通过村两委和驻村工作队的努力，在 2019 年让村民有更多的幸福感。"

2015—2018 年，尼勒克县累计实施村级惠民生项目 338 个，项目总投资 2.3987 亿元（自治区村级惠民生工程项目专项资金 2.11555 亿元，其他资金 2831.5 万元），帮扶贫困户 7090 户。

——瞄准"认亲户"，依托结对扶贫。制定"民族团结一家亲"活动方案，以"结对认亲"、定期开展万名干部"大走访"活动、真情扶贫帮困、宣传政策法律为内容，搭建了脱贫攻坚、巩固和加强民族团结的新平台。全县行政事业单位多名干部职工、伊犁州机关事业单位"访惠聚"工作组成员及其他方面参与定点扶贫的人员全员参与，在打赢脱贫攻坚战中接受党和人民的检验。

——培训"明白人"，依托科技提升扶贫。把脱贫攻坚纳入科技

向贫困户开展"去极端化"宣讲教育活动

武进区的中小学校校长们共同商议尼勒克县的教育事业

意气风发的尼勒克县各族人民群众

创新体系，面向全县脱贫攻坚的重大需求，实施"科技精准扶贫攻坚专项行动"，加大农村应用技术研发推广力度，加强农村贫困人口专业技能培训、农村科学知识普及，推进科技特派员农村科技创新创业，实施科技人员专项计划，加大农牧区"科技明白人"培养力度，持续增强科技精准扶贫脱贫的能力。

"脚下沾有多少泥土，心中就沉淀多少真情。"全县党员干部不折不扣，按照习近平总书记的要求，一心扑在脱贫开发工作上，强化责任要求，有效发挥作用，他们的脚印遍布了尼勒克的贫困乡村。

"十驾马车"，承载着尼勒克县脱贫攻坚的丰硕成果，承载着尼勒克县各族人民群众走向明天的美好心愿，承载着新时代惠及贫困群众的温暖，向着他们梦想的家园出发。

（二）把精准扶贫的种子播撒在芬芳土地上

在决胜脱贫攻坚战役中，尼勒克县县、乡、村三级书记立足县情、乡情、村情，把握精准要义，以贫困村为重点，突出到村到户精准施策，对症下药、精准滴灌、靶向治疗，真正让扶贫扶到点上扶到根上，力求解决好"扶持谁""谁来扶""怎么扶""如何退"四个基本问题。

县委和县人民政府坚持鲜明的精准导向，紧密结合实际，用"精准"贯穿减贫、退出、摘帽全过程，坚持完善瞄准机制，坚持做到"四到人、五到户、六到村"，即：感情联系到人、思想教育到人、培训落实到人、关爱帮助到人；扶持对象确认到户、分类脱贫规划到户、项目资金覆盖到户、定点帮扶承包到户、经济效益考核到户；领导干部联系到村、规划任务分解到村、项目资金分配到村、对口支援帮扶到村、脱贫措施落实到村、扶贫开发监测到村。通过有效地实施精准扶贫，把精准贯穿于识贫、扶贫、脱贫全过程，在精准上出实招，在精准上下实劲，在精准上见实效，创造性地推进了全县的脱贫攻坚工作。

——坚持贫困识别精准、不留"盲点"。县委和县人民政府把建档立卡、一户一策作为精准扶贫的第一战役，对贫困人口实施精细化管理，对贫困户和贫困村实行精准化帮扶，对扶贫资源实行精确化配置，确保脱贫攻坚工作精准到村、到户、到人。

在精准扶贫实践中，全县贫困群体摸底工作有"四看"：看人、看房、看圈、看园；会"五听"：听村委会、听邻居、听包村干部、听帮扶干部、听贫困户说致贫原因；重"六问"：问贫困家庭生活住房情况、问种养殖情况、问转移就业情况、问家庭成员受教育情况、问家庭成员掌握务工技能情况、问家庭收入情况机制。在持续不断地深入开展"万名干部进农家大走访"活动中，实施"1331"脱贫举措。"1"：脱贫攻坚作战图；"3"：倒计时一览表、工作安排进度表、目标任务到户到人分解表；"3"：一村一产业、一户一方案、一人一措施；"1"：一人一本脱贫攻坚口袋书。全县乡村始终做到分类扶持、分段销号、分批脱贫，力求脱贫攻坚每一项工作做到精准摸底、精准帮困。

抽查建档立卡档案，确保精准扶贫到村到户

精准扶贫、到村到户

他们还在全县范围内开展多轮自查自纠，从"人、物、档、网"四环节入手，建立和规范贫困户申请、村民代表大会评议、乡镇审查、部门核查、会议认定的精准识别程序，采取"两公示一公告"阳光公开，切实加强对贫困识别的动态调整、及时更新，做到应进则进、应退则退、应扶则扶，确保贫困识别全覆盖、无盲点、零遗漏，确保扶贫开发监测与脱贫机制在科学发展的轨道上不断完善和推进，用精准化扶贫的新成效为新疆社会稳定和长治久安服务。

◆ ◆ **典型案例** ·······························

走出大山放下"羊鞭"成了"北漂"

苏布台乡是尼勒克县重度贫困乡，气候干旱少雨，土地贫瘠，生活在这里的农牧民祖祖辈辈靠天吃饭。全村98%是哈萨克族，他们长期久居山里，过惯了懒散贫穷的生活。

木合亚提兄弟俩是套苏布台村村民，三年前还过着"面朝黄土背朝天、晒着太阳等小康"的生活。如今每月有6000元的收入了。原来，三年前，他们兄弟俩都在建档立卡、摸底筛查中被识别为贫困户，并且参加了乡里组织的餐饮服务扶贫技能培训。随后，乡政府把他俩作为贫困劳动力转移就业对象，后被北京巴依老爷餐饮公司招到餐厅务工。

到了北京以后，木合亚提兄弟俩才看到了外面多姿多彩的世界，昔日在大山里拿着羊鞭的牧民居然成了"北漂一族"，是精准识别、精准扶贫改变了他们的命运。

这么多年来，乡里的老百姓靠"老天爷"帮不了忙，靠微薄的土地，吃不饱肚子。靠天靠地不如靠自己，苏布台乡党委决心变革思维方式，通过精准扶贫寻找致富良策，为此，他们把贫困劳动力转移就业作为脱贫致富的"敲门砖"，大力组织和动员贫困劳动力走出家门"挣票子"，通过强化扶贫技能培训，建立长

2017年尼勒克县脱贫攻坚专场招聘会现场

放下"牧羊鞭"的尼勒克县喀纳苏乡贫困青年成为天虹纺织厂的产业工人

尼勒克县苏布台乡就业创业孵化园区

期劳务输出合作基地，畅通输出渠道，探索出"苏布台乡劳动力转移就业模式"（即服务＋企业＋流转＋订单）。

据了解，现在苏布台乡中长期转移务工人员已有895人，实现各村户均1.5人在外地务工，占到全乡转移人口的48％。仅

2018年套苏布台村贫困人口依靠劳务输出人均增收4000元，全村农牧民人均纯收入达10736元。

——坚持项目安排精准、不要"花拳"。财政专项扶贫资金分配方式改革后，项目审批权限下放到县，尼勒克县委和县人民政府立足贫困乡村资源禀赋、发展条件，科学制定脱贫规划，选择脱贫项目。紧盯"西部三乡"重点贫困村和特困山区村、特殊贫困群体，把产业发展和转移就业、基础设施和基本公共服务、生态建设和环境保护作为主攻方向，引导和帮助贫困群众发展特色优势产业，坚决确保扶贫项目立项不跑偏、实施不滴漏。

尼勒克县妇联组织妇女赴巾帼创业园观摩学习

扶贫羊项目

依托固定资产投资项目吸纳贫困劳动力就近就业

◆◆ **典型案例** ···

撒里塔娜：一个在国旗下讲故事的"绣娘"

走进尼勒克县乌赞乡乌赞村撒里塔娜·阿斯凯尔别克家，青翠欲滴的蔬菜长势喜人，格桑花、月季花等各种花儿鲜艳夺目，新落成的房屋宽敞明亮。

"要没有扶贫项目的支持和帮助，我想都不敢想，能住上这宽敞舒适的新房子。"撒里塔娜说。

37岁的撒里塔娜在乌赞村没有土地和房屋，被列为无房户贫困户。成家后，她与丈夫开始了四处打工的生活。家庭的贫困没有压倒撒里塔娜致富的信心，她利用自己会烹饪的特点，在村小学食堂给学生做饭，每月工资1000元。还利用闲暇时间，在家中绣柯赛绣和一些刺绣生活用品，换取一些生活费用。

打响脱贫攻坚战以后，村委会按照脱贫时间表和扶贫项目标准，给撒里塔娜补助了富民安居扶贫项目资金，通过努力，撒里塔娜家终于建成了120平方米的富民安居房。

有了宽敞的新房子，撒里塔娜的刺绣活儿干得更起劲了，走进她家，无论是墙上的挂毯还是铺在炕上的坐垫，家里大大小小的摆件全部都出自她的手，撒里塔娜家都快成了刺绣"展览馆"了。

撒里塔娜的民族手工刺绣产品

撒里塔娜用巧手绘制脱贫致致富的梦想

"村民们都非常钦佩撒里塔娜，她的勤劳能干已经成为村民们学习的榜样。"乌赞村村委会副主任卡得拉爱力·曼德说。

卡得拉爱力介绍，撒里塔娜绣的抱枕一个40元，要结婚的哈萨克族新人到她家预订刺绣家居用品，全套做下来1000元一套。手脚利索的撒里塔娜10天就可以绣完一套，这样的绣品她一个月能卖掉3套。如今她家里的摩托车、彩电、冰箱等家电一应俱全。

村"两委"好几次在星期一的早上举行升国旗仪式时，都邀请撒里塔娜站在国旗下宣讲，介绍自己脱贫致富的经验，现场讲述自己脱贫致富的故事，引导和鼓励村里的贫困妇女劳动力依靠自己的双手增收脱贫。为此，村"两委"还给撒里塔娜颁发了"勤劳致富奖"。

"对大多数有劳动能力的贫困群众应该鼓励通过劳动实现脱贫致富，要实现这个目标的关键还是要进一步激发贫困群众的内生动力，让他们有技能，有脱贫的本领，加上扶贫项目的支持，这才是最有质量的精准扶贫和精准脱贫。"2019年6月24日，伊犁州脱贫攻坚工作现场推进会在尼勒克县召开，这是州政府副秘书长、州扶贫办主任曾军峰在参观时说的一番话。

——坚持资金使用精准、不发"虚弹"。尼勒克县以脱贫销号为

胡吉尔台乡阿克塔斯村纯手工制作马具专业合作社

导向，以增加贫困农牧民收入为核心，重点落实到村到户扶贫项目资金，力求增强贫困村和贫困人口的自我发展能力，拓宽贫困农牧民增收渠道。通过支持贫困村基础设施建设、发展生产、社会保障兜底等，最大限度向重度贫困村、贫困人口倾斜。

◆◆ 典型案例 ···

"救命钱"帮助贾哈勒拜走进"希望之门"

围着家里的炕桌，贾哈勒拜拿着红色封面的"扶贫手册"，正在和村里的几名干部一块扳着指头算收入账。

贾哈勒拜是尼勒克县加哈乌拉斯台乡套乌拉斯台村建档立卡在册的贫困户，这些年，家里的日子过得不好，这让贾哈勒拜十分难受，在结婚前，他曾在伊犁、南疆等地打过工，学了水电技术。成家后，他一直在乡里接水电活干，新生活刚刚有点起色，妻子就病倒了，家庭又一次陷入了贫困状态。

妻子患的是神经脊髓炎，前前后后已经花去 10 多万元，贾哈勒拜一边带着妻子看病，一边接活挣钱，但高额的医药费让他常常入不敷出。

打响脱贫攻坚战以后，国家的扶贫政策也不断落实到套乌拉斯台村，乡政府给了他 3.8 万元的扶贫富民安居房资金补助，帮助他新盖了房子，到户扶贫资金为他家购买了一头带牛犊子的生产母牛，妻子的住院治疗费用得到贫困户大病统筹报销，其间还领到了低保金，他家的林带生态补偿金已按照生态扶贫政策，如数发放到手中。这些滚烫的"救命钱"，温暖了贾哈勒拜的心，也打开了贾哈勒拜想点子挣票子的"希望之门"。

看到乡里居民用家庭锅炉取暖，贾哈勒拜动了心思。他抽空来到伊宁市，和以前的工友一起干活，学习了安装暖气设备的技术，回到尼勒克县后他开始给人安装暖气设备，收入逐步提高。看到县里对自来水、热管网进行改造，他也主动接活，就想多挣点钱，争取早日脱贫致富。

经过治疗，贾哈勒拜的妻子的病情也有所好转，他通过参加扶贫技能培训班的学习，很快成了一名熟练的水暖电工匠师傅，加之他勤快、干活仔细、服务到位，会说一口流利的普通话，来找他的客户越来越多，家庭收入也有些积累。

"从 2014 年因病致贫被村里列入贫困户后，依靠党的脱贫攻坚好政策，房子盖好了，还报销了老婆看病的医药费，树林子的生态补偿也兑现了，是这些钱救了我们家的命。我现在也掌握了一门技术，每年都有稳定的收入，2017 年就收入了 26000 元，这一年摘掉了贫困户的帽子，这两年收入更加稳定了，日子也过得越来越好，共产党对我的好，我永远都不会忘的。"贾哈勒拜说。

帮扶干部在贾哈勒拜家入户走访

围坐在炕桌前的还有贾哈勒拜的妻子以及正在做作业的两个儿子，一家人的脸上荡漾着幸福的笑容。

"今年的活比去年要稍微少一些，但今年的牛娃子、羊娃子价格都高于往年，加上各种政策性补贴，算下来的话比去年还要多。"贾哈勒拜拿着"小红本"信心满满地说。

——坚持措施到户精准、不偏"靶心"。尼勒克县委和县人民政府以"一户一法""一人一策"为基本要求，制定具体帮扶措施，做到一户一本台账、一户一个脱贫计划、一户一套帮扶措施，建立全面的脱贫攻坚台账，确保精准扶贫靶位明确，靶心突出，靶向精准。

2015年尼勒克县欢送富余劳动力赴新疆华孚色纺公司务工

小蘑菇引领扶贫新产业

◆ ◆ 典型案例 ....

精准扶贫让贫困户成了"小老板"

2018 年 6 月 17 日，在尼勒克县乌拉斯台乡巴依·阿吾勒哈萨克族民俗特色村寨，贫困户马哈勒甫·奴尔合买提搭建旅游毡房，正准备开门揽客。是扶贫资金让贫困户马哈勒甫·奴尔合买提端上了靠旅游挣钱的"饭碗"。

"这些毡房是国家送给我们经营旅游的，每家 2 顶。毡房里的冰箱、冰柜、消毒柜、配套的餐具、音响、地毯、餐桌椅也都是国家给的。现在住的新房子也是国家给盖的，没有花一分钱。"马哈勒甫·奴尔合买提高兴地说。

马哈勒甫·奴尔合买提是"80 后"，早些年和妻子在乌鲁木齐打工，不仅本民族的特色餐饮做得好，还会几个酒店大菜。本月首个开门揖客的就是他的牧家乐，数千元的营业收入已纳入囊中。据悉，该特色村寨共有37户贫困户享受中央专项财政扶贫牧家乐旅游配套设施的项目资金，马哈勒甫·奴尔合买提居其一。每户获得旅游设施资金3万元。

包村领导乌拉斯台司法所所长木拉提·那毕汗介绍，特色村寨分四大功能区——非物质文化传承区、游牧文化体验区、草原观光区、游牧文化体验区。正在建设的有文化活动中心、扶贫创业孵化中心、干部周转房，位置离街较近，稍微靠后的还有待建的村委会办公楼、冬不拉文化广场、赛马场、幼儿园等。我们主要考虑到如何让精准扶贫和旅游扶贫很好地结合起来，有利于带动贫困群众增收脱贫。

特色村寨前期规划80户易地整体搬迁，目前入住、开门揖客的有24户。

在游牧文化体验区，孩子们正在荡秋千。这种秋千是哈萨克民族传统爱情秋千，它仅用一根粗壮的麻绳和七根涂了色彩鲜艳

旅游扶贫让尼勒克县乌拉斯台乡的贫困牧民成为"小老板"

的油漆木棍捆结而成。游客看到孩子荡得好开心，往往都要试一试，体验一下本地民俗。

科克铁列克村第一书记、"访惠聚"工作队队长张国平说："巴依·阿吾勒哈萨克族民俗特色村寨位于喀什河畔，依山傍水，是唐布拉百里画卷的一个亮点，是一座天然的氧吧。我们'访惠聚'工作队后盾单位将为牧家乐经营者提供礼仪、餐饮方面的培训，提高他们展示浓郁哈萨克族风情的接待能力，让特色村寨成为活着的民俗博物馆，让我们的贫困青年都成为'小老板'。"

尼勒克县乌拉斯台乡依靠旅游产业脱贫致富

——坚持因村派人精准、不搞"花样"。自 2014 年以来，州、县、乡成立多个"访民情、惠民生、聚民心"驻村工作队，做到贫困村"访惠聚"驻村工作队全覆盖，每个贫困户都有帮扶责任人，实施因村派人、点对点"盯守"帮扶，并采取选派和兼任等方式向贫困村派驻"第一书记"，增强了贫困村脱贫攻坚的战斗力。

◆ ◆ 典型案例 ....

"扶贫鸽"飞进了贫困户的心窝窝

在尼勒克县苏布台乡克其克苏布台村肉鸽养殖繁育合作社务工的伊布拉依木一边仔细地查看鸽子的生长状况，一边说："大家把这些鸽子当成宝，叫它们'扶贫鸽'，是'扶贫鸽'圆了我的脱贫梦。"

24岁的伊布拉依木是克其克苏布台村建档立卡贫困户，在伊犁哈萨克自治州财贸学校"访惠聚"驻村工作队的帮助下，他来到合作社打工，工作队还帮她解决了1万元的贴息贷款，以25对种鸽的成本入股合作社，3年后返还成本。

"扶贫鸽"飞进贫困户的家中，成就脱贫致富的梦想

肉鸽养殖繁育合作社负责人何吉山介绍，合作社专门聘请了专家指导养殖，村里有119户贫困户通过贴息贷款方式入股合作社，每户分红500—600元不等，除了大部分人外出打工之外，到肉鸽养殖合作社务工的有12人。

尼勒克县苏布台乡克其克苏布台村肉鸽养殖基地

尼勒克县苏布台乡肉鸽养殖基地

"在家门口打工，每月的工资能拿到2000元，家里面的事情也能照顾到，又有了稳定的收入，脱贫已不再是梦想了。"伊布拉依木说。

据了解，近年来，尼勒克县以精准扶贫为切入点，注重因村派人，精准实现贫困村"访惠聚"驻村工作队全覆盖、贫困户帮扶责任人全覆盖、贫困村派驻第一书记全覆盖，"访惠聚"驻村工作队以产业扶贫为抓手，采取"合作社＋贫困户"的捆绑扶贫模式，让贫困户依靠产业实现增收。

——坚持脱贫成效精准、不念"虚功"。全县着力提高贫困群体的参与性，避免使贫困户形成"等、靠、要"思想，由"要我脱贫"

转变为"我要脱贫"。注重巩固扶贫成效，建立脱贫致富的长效机制。全县结合"六学七讲"开展扶贫大培训活动，立足实际对各族群众进行教育引导；充分利用传统佳节，结合脱贫攻坚策划舞台节目、编制灯盏灯谜、讲述"脱贫故事"，在县乡村开辟宣传栏、树立"369"固定双语宣传牌、横挂宣传语，丰富开展"八个一"扶贫日主题宣传活动，实现家喻户晓、人人皆知，营造出将"要我脱贫"转变为"我要脱贫"的浓厚氛围，切实摒弃"等靠要熬"的狭隘思想。严格按照自治区贫困退出、验收核查、第三方评估等考核验收要求，健全建档立卡资料，建好贫困户"脱贫台账"，实行销号管理，确保不漏一户一人，用"绣花"的真功夫，切实提高工作质量和水平，有效推动精准扶贫精准脱贫各项政策措施落地生根。

贫困户家家都有一本难念的经，每户的情况各异、致贫原因不同，解决的方法也不一样，只有找出贫困的症结所在，才能对症下药、开出好"药方"，进而治愈贫困、消灭贫困。

村村都有幼儿园

小学营养餐计划

在尼勒克县的贫困乡村，贫困户家家都有一个"小红本"。其实，这个"小红本"就是《扶贫手册》。在这本册子中，贫困户的基本家庭情况、致贫原因、帮扶责任人、具体的脱贫措施等一应俱全。尼勒克县就是通过这个"小红本"来算清和登记贫困农牧民收入明细账的。

◆ ◆ 典型案例 ....

尼勒克县"小红本"算清百姓脱贫账

每到年底，就是到村入户脱贫验收的时候，而验收的关键，就是算好贫困户的收入账。

尼勒克县扶贫办党组书记张雄杰拿出一个红本本告诉我们："以前，贫困户怕算账，驻村工作队帮算账，帮扶干部就怕贫困户不认账，有了这个小红本，才算清了精准扶贫精准脱贫的明白账。"

喀拉苏乡喀拉苏村贫困户马建国坦言："前些年干部每次到家里来给我们算收入账，心里确实有不认账的想法，其实我们心里头很明白，有些扶贫项目是实实在在增收的，各项惠民政策的补贴也是足额到位的，但一些老百姓就是怕脱贫后的好政策就没有了。如今贫困户每家每户都有一个'小红本'，账算得让我们心服口服。"

过去，村干部给贫困户算的账，贫困户的心里总是不怎么认同，老是认为账算得有水分。说白了就是怕收入增加了，贫困户的"帽子"摘掉了，扶贫政策就再也享受不到了，家里也得不到实惠了。怕"摘穷帽"的心理一直困扰着贫困村民。为了打消贫困户的顾虑，摸准实情，让贫困户想脱贫、真脱贫，尼勒克县采取了由包联干部作为第三方算账，驻村工作队、村民代表、扶贫部门三方会审的办法，确保得到贫困群众既明白、又认可、还满意的效果，既帮助贫困户克服了怕摘贫困户帽子的心理，又杜绝了被脱贫、假脱贫现象。

"现在，党的扶贫政策好，各项惠民政策的补贴也多，驻村工作队和帮扶干部和咱老百姓相处得像一家人，但也不能过分地依赖政府，要想过好日子，关键是贫困户自己得干起来，不能晒着太阳等小康，更不能脱了贫还不认账，再说，脱贫致富是个光荣的事，代代都是贫困户名声也不好听呀。"在喀拉苏乡吐普辛村贫困户阿西尔家里，这是我们在翻阅他的"小红本"时，阿西尔给我们说的一番话。

2017年3月，尼勒克县委制定了《尼勒克县四套班子成员七包联一负责制度》，实施副县级以上领导干部包村联户制度，将责任压实在人头上，做到贫困户不脱贫，领导责任不脱钩。并为每人发放了一个红皮"贫困户增收记账本"，让包联干部从政策性增收、创业性增收、劳务性增收、庭院增收、产业增收、教育增收等方面的增收渠道，详细记录增收情况，然后由村民代表、驻村工作队、扶贫部门共同逐项逐笔会审，再进行张榜公示，让增收户心服口服。

翻开尼勒克县人大常委会副主任张志敏帮扶户铁勒肯·黑牙什家的"小红本"：铁勒肯·黑牙什，5口人、劳动力2人；致穷原因：因病致贫；2017年增收情况：庭院2亩、种菜收入3000元、养鸡收入2000元、务工收入2万元、种植收入1万元、低保收入2人多2880元、1人高中免费减少支出2000元，合计收入40760元，人均收入8152元。

"'小红本'既是贫困户收入支出的流水账，也是帮扶干部落实一户一策措施的责任账，更是落实精准扶贫精准脱贫的政策账，说到底'小红本'就是我们打赢脱贫攻坚战落实到千家万户的明细账。"张志敏说。

"小红本"，洋溢着贫困农牧民对美好生活的期待；

"小红本"，深藏着精准扶贫精准脱贫的故事；

"小红本"记述着千家万户的"扶贫故事"

"小红本"，映红了贫困农牧民的脸庞；

"小红本"，让精准扶贫的种子在芬芳的土地上发芽。

（三）"五个大会战"破解"七大难题"

几年来，尼勒克县委和县人民政府始终坚持深入贯彻落实以习近平同志为核心的党中央治疆方略和扶贫开发战略思想，坚持聚焦社会稳定和长治久安总目标不动摇，坚持精准施策、聚力攻坚，全方位、多维度的治理贫困，扎扎实实推进全县脱贫攻坚工作，把庄严承诺写在尼勒克这片铺满阳光与希望的大地上。

展示在世人面前的中国脱贫攻坚"尼勒克答卷"写满了破解"七大难题"的"五个大会战"，"五个大会战"令全县党员干部为之振奋，让全县贫困的农牧民为之感动。

枯燥的是数字，能释放脱贫攻坚能量的也是数字，数字是对精准扶贫最好的解读和证明，在打赢脱贫攻坚战的 2013 年至 2018 年的 6 年里，尼勒克县累计整合投入各类脱贫攻坚资金总量近 7.6 亿元，其中专项扶贫资金为 4.82 亿元。认真实施了全区金融扶贫示范县工程，其中为贫困家庭发放扶贫小额信贷 1.8 亿元，金融机构给予了利率下调 2 个百分点的优惠政策，从资金上保障了贫困农牧民发展生产获得稳定收益。

2018 年全县农牧民人均可支配收入达到 13190 元，较 2017 年净增 1021 元。全县脱贫户年人均纯收入达到 7211 元。

全县通过健全机制、引领扶贫，突出特色、产业扶贫，转变观念、智力扶贫，提高素质、技能扶贫，广结善缘、社会扶贫，贫困程度大大缓解，实现 30 个贫困村退出，26490 名贫困对象脱贫，人均纯收入达到 3208 元以上，基本公共服务主要领域指标均接近全国平均水平。

在这场向贫困堡垒发起"歼灭战"的战役中，县委书记、县长就是这场战役的总指挥，尼勒克县脱贫攻坚指挥部时常灯火彻夜通明；贫困的乡村处处人欢马叫；贫困农牧民家家起早摸黑、披星戴月；"访惠聚"驻村工作队人人快马加鞭、干劲冲天。

在打赢脱贫攻坚战的 6 年里，尼勒克县人凭借坚韧与执着，创造着新时代的辉煌，这些辉煌的战绩，来自一次又一次的攻坚大会战，它将永远镌刻在人们的记忆中。

1. 实施作风建设大会战，攻坚合力明显提升

尼勒克县委、县人民政府全面贯彻落实中央和自治区、自治州党委各项决策部署，把脱贫攻坚作为头号民生工程和重要政治任务来抓，全县上下形成不忘初心跟党走、凝心聚力抓脱贫、众志成城奔小康的强大合力。

其一，弘扬务实之风，突出真抓实干。县委、县人民政府凝心聚力、担当实干，按照"四有五定"脱贫攻坚机制（县有指挥部、乡有工作组、村有帮扶队、户有联络员和定部门、定目标、定任务、定时限、定奖惩），及时成立县脱贫攻坚指挥部，推进实施脱贫攻坚"十四个专项行动"，开启"三级书记抓脱贫攻坚"模式，确保县、乡、村把工作重心转移到打赢脱贫攻坚战上。

其二，弘扬爱民之风，强化结对帮扶。统筹自治区、自治州和县直机关共 192 个帮扶单位和区、州、县三级 7685 名党员干部，结合"民族团结一家亲"活动、"访惠聚"包村联户及"两个全覆盖"工作，采取"一帮一""多帮一"方式与 7257 户贫困户建立结对帮扶关系，实现"一对一"精准帮扶全覆盖。深入开展"百企帮百村"行动，凝聚全县 49 家企业力量结对帮扶 20 个贫困村，形成县委、县人民政府

脱贫攻坚冬季"大宣讲"活动

统筹，各级干部帮扶，企业助力和贫困群众自力更生脱贫攻坚的生动局面。自治区农村信用社联合社信用卡中心总经理辛夏菡同志在尼勒克县脱贫攻坚的道路上克服工作、家庭和身体上的种种困难，怀着一颗对党、对群众的感恩之心，把扶贫帮困当事业，一年如一日，用点点滴滴的善行为尼勒克县打赢脱贫攻坚奉献了自己的力量。

其三，弘扬廉洁之风，增强纪律保证。秉持作风建设永远在路上，结合"脱贫攻坚作风建设年"活动，扎实开展扶贫领域腐败和作风问题专项治理工作，畅通群众监督举报通道，深挖细查扶贫领域挤占挪用、虚报冒领、吃拿卡要、扶贫政策执行等突出问题，严厉整治脱贫攻坚责任意识不强、群众认可度低、执行监管不力及资金安排使用不精准等具体问题，对扶贫领域违纪违法问题"零容忍"，达到"问责一个、通报一个、警醒一片"的效果。通过反面警示、正向激励，引导各级干部树立清正廉洁、敢于担当的意识，为脱贫攻坚提供坚实纪律保障。

2. 实施产业扶贫大会战，拉动效应明显提升

其一，发展优势产业。围绕县委提出的"稳粮、强畜、增经（草）、扩果（林）"总体思路，秉持"宜农则农、宜牧则牧、宜林则林、宜禽则禽"，建立产业发展带动机制，依托万亩现代农业科技示范园，带动农业产业结构调整，形成以食用菌、中药材、树上干杏等为主打的特色种植业，建成旱作区绿色小麦示范基地 2 万亩，特色种植面积突破 8 万亩，惠及贫困户 2183 户，户均增收 8000 元以上。坚持草原畜牧业、定居畜牧业、农区畜牧业、城郊畜牧业、设施畜牧业"五位一体"发展模式，依托万亩现代畜牧业科技示范园，强化品种改良，做细褐牛产业、壮大蜂产业、提升马产业、助力冷水渔业、扩大肉鸽繁育、提升土鸡养殖效益，带动贫困户 1789 户，户均增收 6000 元以上。

其二，建立产业基地。大力推广"龙头企业＋合作社＋基地＋农户"合作方式，打造各具特色的孵化基地 30 余个，农牧民专业合作社 344 个，鼓励支持贫困对象以土地、山林、牲畜及劳动力等生产要素以及资金入股企业及专业合作社，1752 名建档立卡贫困户通过就近就地入社和跨境入社的方式纳入农牧民专业合作社中。投入 2106.4 万元实施 30 个贫困村富民产业提升"双百"工程，投入 1000 万元用于"155111"增收致富保障工程，打造示范乡、村、户，充分激发产业脱贫的带动效应。

其三，培育龙头企业。尼勒克县把产业发展作为工作重点，补短板、强弱项、突出农业发展新功能，以马场中小微企业产业园为重点，围绕打造粮油、牛羊肉、乳制品、马产品、蜂产品、水产品、树上干杏、蔬菜八大产业链，强化抓品牌、抓质量、抓规模、抓营销、抓基地建设，延长产业链、提升价值链、完善利益链，增强园区产业聚集能力和服务功能，大力培育新型经营主体，强化指导和服务，通过产业培育转型升级，激活农业内在发展动力。逐步形成以市场牵龙

头、龙头带基地、基地连农户、产加销一条龙、贸工农一体化的经营模式，特色产业有了较快发展。近年来，通过招商引资，先后扶持、培育了伊力特乳业、天牛乳业、嘉克斯奶酪、伊犁恒凯肉制品加工、唐布拉黑蜂实业有限公司、苏布台石磨旱田面粉加工、贝那木馕合作社生产等一批"农"字号龙头企业。培育自治区级龙头企业 2 家，州级以上龙头企业 8 家，产值达到 12847 万元。

其四，拓展电商扶贫。为了适应产业扶贫的需要，尼勒克县委和县人民政府还积极拓展电商扶贫，依托国家级电子商务进农村示范县建设，将农村"互联网 +"作为精准扶贫的新模式，建立县、乡、村三级"互联网 +"电商网络体系，引进西域传奇、香樟大道、康诺等 17 家有规模的电子商务公司入驻，建成县级运营服务中心 1 个、O2O 体验馆 5 个、乡级电子商务服务站 13 个、村级电子商务服务点 46 个，行政村覆盖率为 61.3%，完善 12 家农副产品企业 300 余款产品的质量溯源体系建设，助推 85% 以上农副企业电子商务营销，75 个行政村邮站挂牌运营，目前已经初步形成一条完备的"互联网 +"产业链。

打赢脱贫攻坚战，建设中小企业产业园

其五，打造光伏产业。抢抓国家大力实施光伏扶贫的有利契机，加大与中利腾辉集团光伏扶贫产业合作力度，总投资 1.13 亿元，启动苏布台乡、乌赞乡、科蒙乡、喀拉托别乡光伏扶贫项目，以 4 个贫困村为试点辐射全县 30 个贫困村，把荒山荒坡化为贫困户的增收资源，项目投产后可实现年发电量 2370 万度，预计每年实现纯收入412 万元，1100 户在册贫困户每年增收 3000 元以上，为每个村增加集体收入 5 万元以上。

3. 实施民生改善大会战，生活水平明显提升

坚持集中财力办大事，建立以财政资金为主，整合行业部门、农业、金融和社会资金参与机制，聚焦重点补足弱项、补齐短板。2013年至 2017 年整合"八项资金"44.838 亿元，着力实施，改善公共服务条件。

其一，强化安全住房保障。大力实施安居惠民工程，连续三年安居工程建设排全州第一，累计为贫困群众建设完成"两居房"5828 户，实现"住有所居"。

其二，推进易地扶贫搬迁。对需要易地扶贫搬迁的贫困人口进行精准摸排，确定了搬迁范围，按照国家、自治区易地扶贫搬迁政策和标准实施易地扶贫搬迁，并充分尊重贫困群众意愿，采取行政村就近集中安置、小城镇安置、"插花"安置等方式集中安置，将易地搬迁户纳入产业合作社和重点就业对象，先后投入 8482 万元，易地搬迁了 372 户 1475 人，覆盖了全县 10 个乡 31 个村。搬迁群众通过加入合作社，发展庭院经济，发展刺绣产业，过上了搬得出、留得住、能就业、有保障的新生活。

其三，改善教育教学条件。五年筹资 8.2 亿元用于教育事业，新增校舍面积 21.5 万平方米，相继建成尼勒克武进高级中学、乌赞中学、全民体育健身中心和风雨活动室，武进实验学校加快建设，84

贫困户喝上了安全饮用水

所双语幼儿园投入使用，村村都有幼儿园，实现"幼有所育，学有所教"。

其四，构建医疗服务网络。全面实施全民免费健康体检工程，创建国家级健康扶贫示范县，扩大贫困人口医疗保险覆盖面，将25类93种重大疾病列入救助范围，实现县、乡、村三级医疗卫生服务网络全覆盖。将健康扶贫工作与深化医药卫生体制改革紧密结合，聚焦农村贫困人口因病致贫、因病返贫问题，采取有效举措全面提升贫困人口医疗保障水平和医疗卫生服务能力，将建档立卡贫困人口全部纳入健康管理服务体系管理，开展家庭医生团队与贫困人口签订服务协议，明确签约服务内容、方式、期限等事项，做到签约一人、履约一人、服务一人。

4. 实施精神扶贫大会战，内生动力明显提升

首先，突出扶志，拔除思想"穷根"。大力开展以"送政策、送

温暖、送信心、送文化、送健康、送知识"的"六送"脱贫主题活动和以"九个一"为内容的扶贫日宣传活动，发动群众积极参与脱贫攻坚。坚持进村入户，用身边的事教育身边的人，让贫困群众学有榜样、赶有方向，树立脱贫致富的信心和决心。集中组织贫困对象外出观摩学习、脱贫致富人物讲好先进事迹、新闻媒体宣传好党的惠民政策，积极引导贫困群众转变生活与增收方式。其次，突出扶智，拔除教育"穷根"。连续 5 年实施高中阶段免费教育，义务教育阶段入学率达 99% 以上，高中阶段入学率达 95% 以上，8540 名幼儿享受学前三年免费教育，实现 15 年免费教育，全县义务教育标准化建设和义务教育均衡发展顺利通过国家验收。持续实施"雨露计划""双百双千"和困难幼儿、寄宿生、大中专生"三个补助"等助学政策，五年累计为 7047 名贫困家庭学生发放助学金 1306.87 万元，对困难家庭学生做到"应助尽助"，阻断贫困代际传递。

爱国主义教育基地——乔尔玛烈士纪念碑

乌赞镇江阿买里村举行"喜迎祖国 70 华诞感恩党，感恩祖国"活动，给贫困户发放电视

5. 实施政策落实大会战，脱贫攻坚成效明显提升

其一，建立资金扶持政策，率先启动实施金融扶贫示范县活动，分批次累计为 5399 户贫困户发展生产提供"两免"信贷资金 1.0627 亿元，实现有需求贫困户小额信贷发放全覆盖，补足持续发展后劲。坚持"四个优先"（扶贫效益优先、示范性开发优先、产业化建设优先、群众意愿优先），五年累计申请财政扶贫资金 1.42 亿元，实施生产发展、特色养殖、庭院经济、基础设施建设等 4 大类 152 个精准扶贫项目，覆盖 12 个乡（镇）场的所有贫困户，有效解决贫困村、贫困群众最急需、最紧迫的现实问题，提升贫困村、贫困群众发展后劲。

其二，强化社保兜底政策。精准落实"社会保障兜底一批"，将社会救助体系和低保制度相结合，实行兜底性保障政策，将符合低保条件且无法通过劳动脱贫的 5673 名贫困人口全部纳入社会保障低保兜底范畴，并把低保兜底贫困对象补助标准，由 2640 元每人每年提高至 3600 元每人每年，逐步稳妥实现"两线合一"（即低保线达到扶贫线），强化社会保障兜底功能。

其三，落实生态补偿政策。严格落实"生态补偿脱贫一批"的要求，采取治理、保护、修复方式，连续三年持续实行禁牧 60 万亩，草畜平衡 830 万亩，申报实施退耕还林项目 1.1 万亩、退牧还草项目 7.4 万亩。建设保种场、育种站、划定黑蜂畜群遗传自然保护区，确保西部生态脆弱区和东部生态涵养区的贫困对象脱贫，惠及贫困户 1354 户。创新生态资金使用方式，利用森林抚育项目资金和生态保护工程资金，吸纳 200 名当地有劳动能力的贫困对象转为生态保护人员，每人每年工资性收入 1 万元，拓展了贫困群众增收新途径。

全县小康社会监测 5 个领域 31 项指标中，资源环境领域指标排在首位，5 年提升 13.4%，生态环境更加优美，各族群众共享宜居生活。

其四，用好协作脱贫政策。坚定落实州党委提出的"兵团帮地方、强市带弱县"相关要求，主动跟进兵团四师和伊宁市、奎屯市、霍尔果斯市，多次就资源开发、产业培育、人才支持、劳动力输出等方面进行对接，共确定 3920 万元的援助资金，支援建设产业（民生）项目 15 个。深入推进"援尼扶贫专项行动"，出台《关于加大武进援尼支持脱贫攻坚力度的实施意见》，5 年来投入援疆资金 3.53 亿元，规划建设 6 大类 84 个民生、产业项目，其中 67% 用于农村改善民生、发展产业。创新开展"同心同愿同奔小康"特色援疆工程，武进区干部职工与我县 1050 户贫困户结成"一对一"帮扶对子，通过"武进光彩新疆行"平台向结对帮扶户捐资捐物达 550 万元，捐赠各类图书 8 万余册，做到真情援疆。

打赢脱贫攻坚战的六年里，尼勒克县委和县人民政府带领全县干部群众实施了"五个大会战"，为"人脱贫、村退出、县摘帽"奠定了基础，为破解"七大难题"和全面打赢脱贫攻坚战提供了坚实保证。

六年里，全县累计完成全社会固定资产投资 203.8 亿元，是"十一五"的 30 倍，连续 6 年开展"民生建设年"，累计投入 64.8 亿元，有效缓解了百姓息息相关的"七难"问题。

"住房难"：累计建成安居富民、定居兴牧、保障住房 25581 套，10 万余人告别了危旧土坯房。

"饮水难"：大力实施安全饮水工程，7.5 万人喝上了干净安全饮用水；建成城镇供水改扩建二期，近 4.5 万农村居民的经常性断水问题得到彻底解决。

"出行难"：五年新建国省干道、县乡主道、通村油路共 1085 公里，"六纵六横"交通网状形成；13 个乡（镇）场客运站、50 个停靠点建成运营，百姓出行更加便捷安全。

"上学难"：筹资近 6 亿元用于教育事业，新增校舍面积 21.5 万平方米，较 2010 年翻了一番，新建双语幼儿园 31 个，九年义务教育阶段入学率达 99% 以上，高中阶段入学率、上线率分别达 75%、99.8% 以上；连续四年实施高中阶段免费教育、贫困大学生奖励救助政策，整合资源率先实行初级中学集中封闭寄宿制管理，成功创建自治区义务教育标准化建设优秀县，提前 5 年创建成为国家义务教育均衡发展达标县。

"看病难"：尼勒克作为全国健康扶贫示范县，县委、县人民政府大力改善县、乡、村三级医疗卫生机构服务条件，加大健康扶贫财政投入力度，建立健康扶贫补充保险，为贫困人口看病就医实行兜底保障，使因病致贫、因病返贫问题得到有效缓解。县人民医院二期综合病房楼建成使用，填补了全县无重症监护室和血液透析室的空白；各乡（镇）场卫生院全部达标，85% 的村队（社区）卫生室达标，拥有公共卫生机构 159 个、卫生床位 788 张，较"十一五"末分别增长 4%、46%；超前谋划集社会养老、康复医疗、休闲健身、社会救助为一体的"福利园区"，"老有所养、老有所依、老有所乐、老有所为、老有所学"得到实现。

"就业难"：提升改造中小企业创业园，综合农贸市场和农业、畜牧两个万亩现代科技示范园等就业平台，驻地企业充分挖掘设置就业岗位，累计开发就业岗位 1.5 万个，新增就业 2 万人，有效解决贫困群众就业难问题。

"办事难"：建成"36524"一站式行政服务中心，率先开通"三证合一"服务，以交警大队办公服务大厅为示范的 58 个窗口单位建立便民服务大厅，细化便民措施 79 条，取消行政审批事项 47 项，政务服务更加高效、群众办事更加便捷。

在打赢脱贫攻坚战中，尼勒克县委和县人民政府带领全县党员干部把脱贫攻坚扛在肩上、抓在手上、记在心上，破解了一个又一个难题，为一家又一家送去了温暖，改变着一层又一层的面貌，他们在用政府的"紧日子"、干部的"苦日子"保障群众过上"好日子"。

我把善良的祈盼送给你，
关爱的火把在我心中点亮，
涓涓细流，
滋润着百姓的心田。
在希望的大地上，
我们感悟着奉献的美丽。
人生善为美，
扶贫见大爱。
为了美好的明天，
我们携手前行。

我把美丽的彩虹带给你，
致富的梦想在你心中托起，
款款爱心，
温暖着百姓的家庭，
在忙碌的田野里，
我们释放着使命的力量。

人生善为美，
扶贫见大爱。
为了美好的明天，
我们携手前行。

我把和谐的乐章献给你，
挚诚的情怀洒满神州中华，
片片真情，
呼唤着百姓的天堂，
在丰收的季节里，
我们谱写着喜悦的光芒。
人生善为美，
扶贫见大爱。
为了美好的明天，
我们携手前行。

2016 年 2 月，尼勒克县深入贫困村开展送岗位、送政策、送技能等六送活动

伊犁哈萨克自治州"百村万户"脱贫攻坚大会战启动仪式在尼勒克县召开

整洁一新的贫困户庭院

　　这是一首属于尼勒克的《扶贫之歌》，勤劳善良的尼勒克人，在打赢脱贫攻坚战的日子里，迎着朝阳、送走晚霞，披星戴月、风雨兼程，他们唱得是那么响亮、那么动听、那么有力！

经验篇

使 命 的 力 量

　　成功的经验，是对过去的肯定，也是耕耘明天、赢得未来的"播种机"。打赢脱贫攻坚战，是检验贫困地区各级党组织以及党员坚守初心与使命的"试金石"，是衡量党对人民群众承诺的"仪表盘"，是考验党员干部一切为民所想、一切为民所为工作作风的"风向标"。尼勒克县坚持精准施策，制定并落实"一户一方案、一人一措施"帮扶计划，努力实现"两不愁三保障"，诠释着全县的党员干部以脱贫攻坚决战决胜的优异成绩表达对党的绝对忠诚。

承载着贫困农牧民创造美好生活的追求与愿望，打赢脱贫攻坚战为新疆的社会稳定与长治久安书写了一篇和谐的乐章，为尼勒克县各族人民群众走向小康社会，绘制了浓墨重彩的画卷。

　　尼勒克县打赢脱贫攻坚战是中国脱贫攻坚"战场"上的一个缩影，是少数民族地区和边疆地区脱贫攻坚的成功典范，它展现了打赢脱贫攻坚战取得的阶段性成果，打赢脱贫攻坚战的"尼勒克样本"给我们带来了深刻的启示。

2018年3月，尼勒克县有组织输出劳动力赴霍尔果斯市、奎屯市、石河子市现场

尼勒克县石碑

（一）启示之一：以汇聚人力、党建扶贫为引领，形成"八方联动"，促进稳定强基层

打响脱贫攻坚战以来，尼勒克县始终坚持"大党建"统领"大扶贫"，推动基层组织建设与脱贫攻坚深度融合。保证贫困乡党政主要领导稳定，配齐配强乡村扶贫干部，充分发挥支部引领作用，以"强班子、带队伍"党建目标引领"兴产业、富群众"的脱贫目标，先后调整了 15 名贫困村党支部书记，实现贫困村党组织能力更突出、配备更合理、结构更完善。

全县贫困乡村形成了以党建为"新引擎"、农村基层党组织为"核心轴"、党员干部为"主力军"、贫困乡村为"主战场"、龙头企业为"支撑点"的"党建扶贫 + 精准脱贫"组织模式，他们紧紧围绕"五个一批"，整合各方力量，集聚各类资源，力求劲往基层使、人往基层走、钱往基层投，建强班子、抓好队伍，有效提升基层党组织的战斗力、凝聚力，形成了"一核多元、活力四射"的党建扶贫体系，全县

40个贫困村实现了党的组织、群众工作、转变作风、应急处突、"第一书记"、驻村工作队、农民夜校、定点帮扶"八个全覆盖"，因人因户因村施策，确保扶贫政策、攻坚举措，精准落地、精准到户，有效地促进了全县脱贫攻坚向纵深推进。

经过严格的脱贫验收核查，到2017年，全县有40个贫困村全部退出、27118人的贫困人口实现脱贫，国家第三方评估验收因村因户帮扶工作群众满意度为99%。

——明责任，传导精准扶贫压力。建立县级领导包乡（镇）、县直单位包贫困村、党员干部包贫困户责任体系，大力开展定点包村扶贫和领导、干部"结对子"帮扶工作，进一步深化《尼勒克县开展"双扶双带先锋行"活动方案》。县四大班子每人负责联系1个贫困村，县级领导扶持2家贫困户、科级干部扶持1家重点贫困户和党员干部扶持1家一般贫困户，全县各单位（部门）、乡（镇）场在职党员干部全部投入到脱贫攻坚工作中去，乡（镇）场、村（队）社区均建立帮扶台账，实现贫困户全覆盖、帮扶人都有户。

——强保障，注入精准扶贫动力。注重选拔政治上强、能力上强、作风上强、心力上强，敢抓善管、群众威信高的党员担任党组织书记，加大在致富带头人中选拔培养村干部特别是党支部书记力度。截至目前，共换届选出村"两委"正职146名，配齐配强能发挥领导核心作用的乡村党组织领导班子，选举产生和党组织一条心、一股劲的村民委员会，健全团支部、妇代会等群众组织。

——抓联动，汇聚精准扶贫合力。乡村基层党组织不断强化工作责任，引领市场、社会协同发力，深化专项扶贫、行业扶贫、社会扶贫、援疆扶贫"四位一体"的扶贫机制，形成政府主导、行业实施、全社会参与、合力攻坚的新局面，把开展帮扶活动、落实帮扶措施作为惠民生的具体步骤，深入帮扶村开展调研，帮助厘清发展思路，确定帮扶项目，解决实际问题，用实际行动温暖各族贫困群众，激励他们建设美好家园。

　　——治瘫软，显示精准扶贫活力。县委坚持治软没有盲区，重点对落后村的党组织进行常态化整顿和巩固提高，实行"星级目标"管理，实施"村寺并联治理"，普遍建立了清真寺驻寺管理委员会。不断推进贫困乡村人、财、物最优配置。在选优配强乡村党组织书记队伍的同时，训优建强农村致富带头人队伍。同时，坚持治乱不留空白。坚持把能人党员选拔进村"两委"班子，推动基层组织由"管理型"向"服务型"回归，切实增强服务群众的能力，强化基层党组织的社会管理功能，加大农村改革、民风民俗、社会风尚、依法治理的宣传力度，切实发挥党组织的坚强堡垒作用，有效地促进精准扶贫和党建工作的良性互动。

　　——求实效，增强精准扶贫效力。坚持"六个精准"，做到扶真贫、真扶贫、真脱贫，注重激发自力更生、艰苦奋斗、勤劳致富精神，增强自我发展能力。创新推广"党支部＋合作社＋贫困户"扶贫模式，瞄准贫困人口，立足县域农牧业发展实际，把支部建在合作

村级阵地

社，以党支部为核心，以专业合作社为依托，将有脱贫能力、有致富愿望的贫困户吸纳其中，通过资源整合、资产收入帮扶等形式，采取一帮十、十帮百的"滚雪球"方式，带动他们共同致富。

全县各级党组织自觉履行脱贫攻坚的历史使命和政治责任，组织动员各族干部群众掀起了"群众干、干部帮"的热潮，真正把党建和精准扶贫拧成"一股绳"，充分发挥基层党组织"一线指挥部"作用，为脱贫攻坚提供坚强组织保证，切实打好打赢精准扶贫攻坚战。

（二）启示之二：以整合资源、加大投入为保障，衔接乡村振兴，统筹发展破瓶颈

尼勒克县从实际出发，将政府资源、市场力量以及贫困群众自强不息的动力凝聚和整合成脱贫攻坚强大的资源优势，着力解决基础设施建设滞后的问题，破解瓶颈制约，全面提升贫困乡村以及贫困人口的可持续发展能力，积极稳妥做好脱贫攻坚战与乡村振兴战略的有机衔接、推动脱贫攻坚和乡村振兴的深度融合，形成脱贫退出、乡村治理、文明创建、全面小康的良性互动，以乡村振兴巩固脱贫攻坚成果，确保县域经济社会的统筹协调发展。

——强化资金保障。全县通过整合资源，加大资金投入强度，发挥政府投入的主体和主导作用，强化专项扶贫对行业扶贫、社会扶贫、援疆扶贫的引导作用，促进扶贫资源向贫困乡村和扶贫对象聚集，坚持财政专项扶贫资金的80%以上投向重点贫困乡村，加快建设一大批贫困乡村水、电、路、气、房以及教育、医疗、卫生等重大民生扶贫项目，为"贫困户脱贫、贫困村退出、全县整体摘帽"创造条件，为贫困乡村的振兴打下坚实的基础。

县委和县人民政府坚持打好脱贫攻坚资金"整合牌"，统筹用好

财政专项资金、行业部门资金、十四个专项行动资金、对口援疆资金、金融支持资金、社会帮扶资金、区内协作扶贫资金等"十类资金",同时,按照自治区支持贫困县推进财政涉农资金统筹整合使用工作部署要求,形成"多渠道进水、一个龙头出水"项目资金整合机制,有序推进全县贫困乡村的安全饮水、电力保障、道路硬化、通信网络服务、安居房建设、幼儿园、卫生室、小额信贷、社会保险、合作组织等民生建设。2013 年至 2018 年,全县累计整合投入各类资金总量达亿元用于脱贫攻坚。其中,仅 2016 年至 2018 年,全县统筹整合使用财政涉农资金 2.78 亿元。2013 年至 2018 年的 6 年间,投入中央、自治区财政扶贫专项资金 0.258 亿元,区内协作扶贫资金 3000 万元,兵团支持资金 720.1 万元,使用扶贫贴息贷款 0.12 亿元。

县委和县人民政府以及江苏省武进市援疆小组形成共识,坚持以民生扶贫为主打方向,推动全县的乡村振兴,几年里,始终将 80% 以上的援疆资金安排在县及县以下,80% 安排到民生扶贫领域,重点改善贫困村基础设施和发展条件。

通过支持基础设施建设、发展生产、社会保障等,最大限度向贫困地区、贫困村、贫困人口倾斜,推动贫困人口精准脱贫。据统计,由中央和自治区安排的财政专项扶贫资金中 95% 以上用于入户项目。

尼勒克县是国家金融扶贫示范县之一,他们积极探索金融精准扶贫新模式,努力搭建金融精准扶贫新平台,创新金融精准扶贫机制,信贷投放向贫困群众和贫困乡村倾斜,实行贷款优先、利率优惠,加大投放力度,以满足贫困乡村精准扶贫、精准脱贫的实际需要,创新推出切合实际的信贷产品,为建档立卡贫困户量身定做免抵押、免担保"两免"扶贫小额信用贷款,重点支持"公司 + 合作社 + 贫困户""龙头企业 + 基地 + 贫困户"等产业发展模式,加大对"安居富民、定居兴牧"工程的信贷支持,切实破解贫困户发展生产贷款难、贷款贵、风险大的问题,努力促进贫困户贷得到、用得好、还得上、能致富。

几年来,该县秉持"政银互动、信用支撑、精准放贷、发展生产"的金融扶贫新理念，采取以企带村、以社带户、以户带户和带股入社、股份合作等多种方式，充分发挥网点覆盖广、农户服务程度深等特点，强化扶贫小额信贷风险管理，保障自主贷款、自主发展，签订协议、简化流程，确保金融机构按照金融扶贫政策"放得出、管得好、有效益、收得回"。

认真落实扶贫小额信贷金融特惠扶持政策，县财政建立了扶贫小额信贷风险补偿金制度，极大地提高了贫困户扶贫贴息贷款的获贷率。据统计，2013—2018年以来，全县农村投放贷款总量达1.8亿元，其中，已累计向5317户贫困户发放扶贫小额信贷。扶贫小额信用贷款的投放涉及12个乡（镇）场，乡、村级覆盖率均达100%，县财政局用于"两免"扶贫小额信用贷款贴息资金1200万元。

——加快项目推进。坚持"用途不变、渠道不乱、集中使用、各负其责、各计其功"原则，建立以项目为核心的行业扶贫协同机制，统筹安排、科学谋划，重点实施贫困人口能够直接受益的产业项目、公共环境服务项目、基础设施建设项目。严格落实固定资产投资项目普通基础工作岗位吸纳当地劳动力就业比例不低于90%的规定，吸纳更多贫困群众参与项目建设，最大限度惠及各族群众。在项目推进中强化项目管理，适时对扶贫项目进行有效评估和跟踪监督，及时发现和解决项目推进中存在的问题，对推进不力、进度迟缓、擅自变更扶贫项目，导致贫困群众利益受到损害的，严肃追责问责。据统计，截至2018年底，全县已实施和完成扶贫项目近244个。

——推动乡村振兴。尼勒克县县委、县人民政府坚持在打赢脱贫攻坚战中，找准乡村振兴和脱贫攻坚契合点，借势推进乡村振兴战略。他们坚持以贫困村为基本工作单元，对退出村持续开展"回头看""回头帮"工作，全方位落实脱贫攻坚到村到户政策措施。主要以实施贫困村提升工程为载体，重点落实"产业兴旺、生态宜居、乡风文明、治理有效、生活富裕"乡村振兴战略总要求，坚持以乡村振兴战略的实施巩固提升脱贫攻坚成效，以脱贫攻坚的实效助力乡村振兴，落实

"双管齐下"，用好政策组合拳，通过脱贫攻坚为乡村振兴打下坚实的基础，形成精准脱贫和乡村振兴战略相互支撑、相互配合、有机衔接的良性互动格局，全力做好"后扶贫时期"的巩固提升工作，建立完善返贫预警机制和常态长效扶贫机制，减少和预防贫困人口返贫，着力让退出的贫困村，补足小康"短板"让乡村产业"旺"起来，群众生活"富"起来，乡村生态环境"美"起来，乡村治理"强"起来。

（三）启示之三：以发展产业、就业创业为平台，拓宽增收渠道，为全民创业铺新路

发展产业是兴村富民之本，就业创业是贫困群众稳定增加收入和脱贫致富的重要路径，尼勒克县委和县人民政府坚持以发展产业、促进就业、全民创业为平台，力求在产业带动上聚焦发力，加快发展特色产业，促进更多贫困群众就近就地就业创业，让贫困群众全面融入产业发展、更多分享发展收益，走出了一条以产业稳定脱贫、以就业稳定人心、以创业稳定发展的贫困村兴盛之路。

——强化产业带动。把产业扶贫作为脱贫攻坚的治本之策，立足县域资源禀赋，充分开展调研论证，以市场需求为导向，坚持宜农则农、宜牧则牧、宜工则工、宜商则商、宜旅游则旅游，大力发展劳动密集型产业、特色种养业、农产品加工业、民族特色手工业、特色餐饮业等，在贫困乡村实施一批粮、草、畜、果、设施农业提质增效以及产业融合示范等项目，着力培育脱贫致富产业，实现乡有主导产业、村有骨干产业、户有增收项目的产业发展目标，切实增强贫困乡村和贫困户的"造血"机能。

——提升产业发展。尼勒克县委和县人民政府坚持"稳粮、强畜、增经（草）、扩果（林）"的总体思路，以农业供给侧结构性改革为主

线，建立产业发展带动机制，规划实施 24 个产业扶贫（发展类）项目，把作为"母体产业"的农牧业，作为全县经济社会发展的基础抓紧抓好，将大农业作为打赢脱贫攻坚战的重中之重加以扶持，重点实施了一批粮、棉、设施农业提质增效以及产业融合示范等项目，通过种植业、养殖业、林果业辅之的相应的农畜产品加工业来扩张县域经济总量，从而让大农业成为贫困人口脱贫致富的最基本、最有效、最快捷的途径。

——完善产业体系。县委和县人民政府从制度上保障产业发展的连续性，建立和完善因地制宜、因村制宜且具有乡土特色和资源优势的产业体系，对于已经形成的适宜当地发展的产业发展规划，不因"人走"而"戏散"，在确保"两不愁三保障"基础上，着眼贫困乡村的长远发展，确保一张蓝图绘到底。同时，注重特色发展、绿色发展、长远发展，着力打造资源节约型、环境友好型产业，保障产业发展在贫困乡村的可持续。

——抓实转移就业。该县坚持"志智"双扶，持续推进"四个一批"

2013 年，尼勒克县喀拉托别乡汽车维修培训班

依托哈萨克族民俗风情发展民宿旅游业

转移就业措施（即就近就地一批、自主创业一批，外出务工一批、发展民族手工制品一批），制定出台《尼勒克县贫困劳动力转移就业奖励办法》，不断拓展疆内外就业市场，在原有 24 家疆内外劳务合作基地的基础上，针对不同就业群体，有效组织开展季节性劳务输出，采取多项扶贫政策鼓励自主创业，加强创业项目推介、跟踪服务、信贷支持，对贫困户开办小商店、小作坊、小饭店等微利项目，提供 5 万元小额担保创业贴息贷款，形成以创业带动就业的循环机制。

（四）启示之四：以建档立卡、一户一策为基础，坚持精准制导，主攻难点靶向明

尼勒克县委、县人民政府切实按照"六个精准"的要求，把建档立卡和动态管理工作作为脱贫攻坚的"第一粒扣子"系好扣实，加强

政策学习和理解，科学制定工作实施细则，加强人员培训，把思想认识统一到政策要点上来，适应主动调整和变化，精心组织实施，强力推进工作。为了适应工作需要，对县乡村进行三级总动员，搞好思想发动，发挥村第一书记及助理、"访惠聚"驻村工作队全体成员、村"两委"班子成员等各级驻村力量的主力军作用，安排近万名干部在乡村开展扶贫对象动态管理和信息采集工作，特别注重线下摸排登记，入户走访，采集信息，建立台账。在建档立卡过程中，全县加强督导检查。围绕"如实采、准确标"两个重点环节，把握和掌握工作节奏，既杜绝厌战拖延，防止贻误时机，又坚决防止数字脱贫、算账脱贫、指标脱贫。

县扶贫开发领导小组根据工作进度，适时进行参数质量分析，及时预警和推送问题。同时派出督导工作组，坚持问题导向，指导和解决建档立卡中存在的苗头性和倾向性问题，确保工作有序推进，坚决确保"底数清、靶向准、精度高、措施硬"。

县委和县人民政府重点以"扶持谁""谁来扶""怎么扶""如何退"为问题导向，切实增强脱贫攻坚的针对性、有效性；全县建档立卡做到一户不漏、一人不落、一个不错，靶向瞄准贫困户和贫困人口，采取产业培育、转移就业、教育培训、安居住房、社会保障、民生服务、帮扶措施"七个到户到人"措施，各项暖心惠民工程，助力精准扶贫精准脱贫。"四看五听六问"精准识别。把精准识别扶贫对象作为脱贫攻坚的基础和生命线来抓，采取"四看五听六问"识贫摸贫机制（"四看"：看人、看房、看圈、看园，直观了解贫困户生活现状；"五听"：听村委会、听邻居、听包村干部、听帮扶干部、听贫困户自己说致贫原因；"六问"：问贫困家庭生活住房情况、问种养殖情况、问转移就业情况、问家庭成员受教育情况、问家庭成员掌握务工技能情况、问家庭收入情况）和"一进二看三算四比五议"工作法（一进：进户实地核查；二看：看家庭综合情况；三算：算家庭经济收入；四比：与其他贫困户进行对比；五议：核查组商讨审议），全面开展"万名干部大走访"活动，切实摸清全县贫困底数，做到不错一户、不漏一人，贫困户走访比对率达到100%。

该县以"深、细、准、实"为工作要求，先行先试，作为全疆精准识别试点县，同时，充分发挥脱贫攻坚大数据平台信息服务功能，完善贫困人口统计和动态监测体系，通过"六大数据平台"检索核实和清理，对建档立卡信息数据进行严肃认真的复核，全县贫困人口识别准确率达到95.92%。

全县以"一户一法""一人一策"为基本要求，制定具体帮扶措施，做到一户一本台账、一户一个脱贫计划、一户一套帮扶措施，建立全面的脱贫攻坚台账，使精准识别台账清、任务明，对象清、责任明，分类清、施策明，做到因人因户因村施策，确保扶贫政策、攻坚举措精准落地、精准到户，确保精准扶贫靶位明确，靶心突出，靶向精准。

与此同时，强化执纪问责。把作风建设和执纪问责贯穿动态管理和信息采集工作全过程，做到动态管理覆盖到哪里，信息采集就跟进到哪里，督查巡查就延伸到哪里，坚决查处扶贫领域腐败和作风问题，让动态管理和信息采集反映脱贫成效，标注信息客观、全面、真

残疾贫困人口在脱贫攻坚中"站"了起来

贫困家庭妇女职业技能培训

实。对工作发生重大失误、造成严重后果的，对弄虚作假、违规操作的，依纪依法追究相关部门和人员责任。

在精准识别的基础上，全县紧盯"时间点"，细化"作战图"，以"五个一批""六个精准""十四个专项行动"为脱贫路径，切实推动精准扶贫、精准脱贫。

（五）启示之五：以全面发动、各方参与为根本，打造美丽乡村，社会扶贫显活力

尼勒克县委、县人民政府从脱贫攻坚的"战术"上，注重引导和吸纳各方力量，集聚全社会之能，决战决胜贫中之贫，力求让村庄美

起来、庭院绿起来、农民富起来、农家亮起来，在打赢脱贫攻坚战中推进美丽乡村建设。

——包村联户全覆盖。县委、县人民政府专门制定了脱贫攻坚社会扶贫专项行动、"访惠聚"驻村工作队包村联户、开展"一对一"精准帮扶等一系列文件，明确了县属各级帮扶主体、牵头负责部门和帮扶干部的任务职责，实行县级领导"八包联"制度，明确包联任务和责任，帮助结对贫困户理清思路、解决实际困难，形成了县乡村齐抓共管、层层抓落实，全社会人人参与、共奔小康的良好氛围。

——考核督导无盲区。在脱贫攻坚中，把精准扶贫、精准脱贫工作成效作为县乡党政领导班子和领导干部年度考核的主要指标，把脱贫攻坚实绩作为干部考核奖惩、选拔任用的重要依据。切实把求真务实的导向立起来、把真抓实干的规矩严起来。同时，联合县纪委监委、群众工作部、"访惠聚"等工作力量，成立东中西 3 个片区指导组，针对贫困村、贫困户退出各项指标完成情况，开展脱贫攻坚大督导、大督查，对帮扶不到位的及时督促提醒，限期整改，确保督导无盲区、无空白。

——深化帮扶办实事。几年来，尼勒克县"社会扶贫"专项行动组紧紧围绕职责任务，牢固树立"没有与扶贫无关的人和事"的理念，充分发挥各职能部门作用，整合社会力量，通过定点扶贫、对口帮扶、结对帮扶等措施，真抓实干、埋头苦干，为尼勒克县夺取脱贫攻坚战全面胜利提供坚强保障。县委、县人民政府统筹区、州、县 189家单位与全县 79 个行政村进行包点联系，7685 余名党员干部与 7602户贫困户建立"一帮一""多帮一"结对帮扶关系，各级帮扶力量到村到户帮助理思路，制定脱贫措施，开展常态化入户走访宣讲 98263户次、帮种庭院作物 6436 户、解决困难诉求 2502 件，督促和帮助缴纳各类保险，提高生产生活保障，为 7602 户贫困户配备小药箱和小书架，各族群众感党恩意识不断增强。

——"四美"目标动人心。县委和县人民政府在打赢脱贫攻坚战进程中坚持以全民发动、各方参与为根本，动员各方力量，支持和帮助贫困乡村在脱贫致富的基础上，建设幸福村居，推动美丽乡村建设。注重把美丽乡村建设与产业发展、贫困农牧民增收脱贫和民生改善紧密结合起来，按照"科学规划布局美、村容整洁环境美、创业增收生活美、乡风文明身心美"的"四美"目标要求，大力实施"环境提升""产业提升""素质提升""服务提升"四大工程，力求提高贫困乡村农牧民的生活品质，促进生态文明和提升群众幸福感，努力使贫困乡村打造成为"村村优美、家家创业、处处和谐、人人幸福"的美丽家园，助力建设甜蜜、多彩、宜居的尼勒克。

在脱贫攻坚中，贫困乡村广泛开展"美丽乡村·梦想家园"村容村貌评比活动，把社会主义核心价值观、中华传统美德、村规民约、文明礼仪、脱贫标兵、道德模范等内容融入乡村文化墙建设，采取漫画、卡通画、书法等多种艺术形式，展示村民精神风貌。通过对更高阶段美丽乡村建设的宣讲和对美丽乡村图景的描绘，进一步提振了贫困农牧民脱贫致富的信心，激发了贫困群众勤劳致富的热情，为打赢脱贫攻坚战夯实了精神文明根基。

——"万名干部"大走访。尼勒克县委和县人民政府始终聚焦"两不愁三保障"，以更高的标准、更硬的措施、更严的问责，扎实开展入户帮扶行动，近些年，每年都要开展脱贫攻坚"万名干部"大走访活动。紧盯脱贫攻坚"一号工程"和全面小康"最大任务"，坚持问题导向，对标贫困县退出18项指标、贫困村退出21项指标和贫困人口脱贫20项指标，集中时间，沉下身子访民意，瞄准存在的重点问题，采取系统有效的措施办法加以破解，把工作做深做细做实做到群众心坎上。

大走访中做到"四个必看"，即看政策宣传是否到位、看帮扶措施是否落实、看脱贫成效是否显现、看群众有哪些意见建议。实地查验各项指标完成情况，如实收集数据，科学评估、客观认定，严查形式主义、数字脱贫等弄虚作假行为。通过开展"万名干部"大走访活

生态厕所

乡村大舞台

动，让各级干部到联系点群众家中看看厨房、聊聊家常、听听困难，推动由过去的例行式走访向带着问题走基层转变，以实际行动践行"不忘初心、牢记使命"，切实把脱贫攻坚工作记在心上、抓在手上、扛在肩上、落实到实际行动上。

（六）启示之六：以激活主体、自我脱贫为目标，推进全面小康，牢记党恩跟党走

大力弘扬勇于担当精神，以培育和践行社会主义核心价值观为主线条，以乡风文明建设为着力点，切实把打赢脱贫攻坚战作为各级各部门和各级党员干部义不容辞的责任，注重扶贫、扶志、扶智三者相结合，力求补齐贫困群众的"精神短板"，全方位地动员社会各界承担起社会责任，引导各族人民群众大力弘扬自强不息精神，用自己的双手摆脱贫困、战胜贫困和创造富裕美好的生活。

——扶志扶智相结合。大力开展扶贫培训，支持贫困家庭劳动力通过参加职业技能培训、享受政策扶持和接受服务实现就业，使农民听得懂、学得会、用得上，帮扶贫困群众实现科技脱贫、智力脱贫。始终坚持以扶贫扶志激发贫困群众脱贫致富的内生动力，在帮扶贫困群众改善物质生活水平的同时，不断改造贫困群众的思想精神状态，唤醒贫困群众的劳动激情与脱贫意识，教育贫困群众大力弘扬自力更生、艰苦奋斗精神，引导贫困群众增强主体意识，用自己的双手建设美好家园。面对面传达党和国家大力推行脱贫攻坚战，精准扶贫、精准脱贫的方针政策，以"人民对美好生活的向往就是我们的奋斗目标"唤醒贫困户对脱贫致富美好生活的向往，以坚决打赢脱贫攻坚战的信心引导贫困户对精准脱贫的信心，使脱贫攻坚的过程成为争取和凝聚人心的过程。

——"六风"渗透到农家。全县通过开展各种形式的宣传教育活动，凝聚自强不息、艰苦奋斗、向善向好的脱贫攻坚正能量，不断激发贫困群众自我发展的内生动力，为打赢脱贫攻坚战提供丰润的精神动力，教育引导贫困群众在脱贫攻坚中，积极参与和融入"树新风、立正风、比乡风、带家风、扬民风、倡清风"的常规活动之中，让"六

风"活动渗透到脱贫攻坚的每个环节，影响到每个家庭，要求县乡村各级党员干部带头发挥模范作用，特别是贫困农牧区的基层党员干部能以良好的精神状态、饱满的工作热情、奋发有为的斗志全身心投入脱贫攻坚战。

——"六送"活动暖人心。全县积极用好"民族团结一家亲""千企帮千村"等载体，以"民族团结一家亲"活动为有效途径，大力实施精神扶贫，有效开展"融情行动"，鼓励支持各类企业、社会组织和个人包村、包户参与扶贫，动员全社会广泛开展向贫困群众献爱心活动，普遍开展以送政策、送温暖、送信心、送文化、送健康、送知识"六送"为内容的脱贫攻坚主题活动和以"九个一"为内容的"10·17"扶贫日宣传活动。同时，集中组织贫困对象外出观摩学习、脱贫致富人物讲好先进事迹、新闻媒体宣传好党的惠民政策，在提升贫困群众"主动脱""感党恩"上久久为功，并结合每周一升国旗、农牧民夜校、"两个全覆盖"住户走访和"民族团结一家亲"活动，及时总结，扩大宣传，用身边的事教育身边的人，提高典型的影响力和示范效应，让贫困群众学有榜样、赶有方向，唤起贫困群众自我脱贫的斗志和信心。

文化墙

故事篇

感受每一份经典

今天的尼勒克，社会大局和谐稳定，经济持续稳步发展，社会事业繁荣进步，各族人民群众安居乐业，古丝绸之路上这座古老的"驿站"，正在焕发着新时代青春的活力，一个经济更加繁荣、社会更加和谐、城乡更加文明、环境更加优美的尼勒克，将以骄人的姿态展现在世人面前，十几万各族人民群众正在用心用情用力地打造和装扮着"甜蜜、多彩、宜居"的尼勒克。

脱贫攻坚的新成就、新变化使得尼勒克县各族人民在这个伟大的时代里更加自信、更加自强、更加自立。众多祖祖辈辈的农民，不再是穷人，他们与现代文明拉近了距离，与期待的小康社会已经不再遥远。

　　打赢脱贫攻坚战吹响了新时代的最强音，这场没有硝烟的战役注定要在中国的历史上留下浓墨重彩的光辉篇章。翻开脱贫攻坚"国考"的"尼勒克答卷"，令人感慨、令人欣慰、令人骄傲，在这一张洒满

新疆尼勒克县县城

"甜蜜尼勒克"正在各族人民群众的手中托起

尼勒克县各族人民群众辛勤汗水的答卷上，写满了一个又一个可歌可泣的感人事迹，讲述着一个又一个动听的故事。

党建扶贫弹奏着尼勒克县脱贫攻坚最强的音符，产业扶贫让尼勒克县贫困农牧民过上了殷实的生活，易地扶贫搬迁让贫困农牧民过上了安居乐业的好日子，生态扶贫为尼勒克县贫困农牧民提供"绿色补偿"，教育扶贫为尼勒克县的贫困农牧民斩断了穷根，社会保障兜底使贫困农牧民不再有后顾之忧，民生建设给打赢脱贫攻坚战加足了"马力"，突破瓶颈制约使贫困乡村基础设施建设得到完善，金融扶贫为尼勒克县贫困农牧民脱贫致富打造了"资金链条"，社会扶贫为尼勒克县贫困群众过上幸福生活奉献人间大爱，援疆扶贫为尼勒克县打赢脱贫攻坚战增添新的光彩，行业扶贫为尼勒克县整合扶贫资源贡献能量，专项扶贫为尼勒克县夺取脱贫攻坚战的全面胜利提供了雄厚的资金保障，巾帼扶贫为尼勒克县贫困妇女增添了靓丽的风采，光伏扶贫让尼勒克县贫困山区的老百姓获得"阳光补贴"，旅游扶贫把美丽的尼勒克描绘得更加多姿多彩，庭院扶贫把贫困群众的农家小院装扮

美丽的姑娘弹奏着动人的扶贫故事

得青翠欲滴，健康扶贫为贫困群众带来了生命的寄托，残疾人扶贫让残疾贫困群众获得美好与希望……

（一）脱贫路上"雁阵"声声

在打赢脱贫攻坚战的几年里，尼勒克县委紧紧围绕社会稳定和长治久安总目标，强化基层党组织在脱贫攻坚中的政治引领和服务功能，把精准扶贫精准脱贫攻坚决策部署转化为基层党组织和广大党员干部奋力攻坚的实际行动，积极探索"党建＋扶贫＋N"党建扶贫新路径，为推进精准扶贫精准脱贫提供坚强的组织保障，全县40个贫困村实现了党的组织、群众工作、转变作风、应急处突、"第一书记"、驻村工作队、农民夜校、定点帮扶"八个全覆盖"，形成了党的建设和精准扶贫精准脱贫两手抓两手都过硬、两融合形成两促进的生动局面，党建扶贫如同"雁阵"声声在脱贫路上传颂着一个又一个动听的声音。

"一核多元"创新模式

近年来，尼勒克县委强化党建引领，把党在贫困农牧区的政治优势与产业扶贫紧密结合，着力构建以基层党组织为核心，以龙头企业、"扶贫车间"、创业就业孵化园区、农村合作组织等为支撑的"一核多元"党建扶贫新模式，切实增强农村基层党建资源转化为脱贫攻坚优势。

该县积极发挥党组织政策引导、组织协调、发动群众的作用和优势，加大在农村专业合作社、专业协会建立党组织力度，在产业发展链上实现党组织全覆盖，将产业基地、龙头企业、合作组织、致富能人等紧紧凝聚到了村党组织周围，以"一核"党建链引领带动"多元"产业链，推动扶贫产业规模化、集约化、市场化，保障上千户贫困群众持续增收、稳定脱贫。

"党建工作做实了就是生产力，做细了就是凝聚力，在打赢脱贫攻坚战中增强了战斗力。"尼勒克县委书记周立新说。

在脱贫攻坚中，尼勒克县创新实施了"1+3+X"链式带富行动（1 名有致富特长的党员结对帮扶 3 户贫困户脱贫致富，示范引领周边若干名群众共同致富），根据生态养殖、绿色种植、生产加工、企业经营、能工巧匠、劳务输出、管理服务和协会带头人等八类党员致富能手的技能，采取组织直接分配、党员主动认领、群众自愿选定的办法，实施汉族党员与少数民族家庭相互结对、青壮年党员与弱势群体人员相互结对，确立结对帮带关系 247 个，推行"支部＋合作社＋党员""党员富裕大户＋贫困农民""项目＋党员＋群众"等党建扶贫模式，从致富能手、退伍军人、大学生村官、返乡创业人员中培养选拔村级后备干部 1660 名，切实解决农村事业后继乏人问题。

在尼勒克县喀拉托别乡脱贫攻坚创业孵化园，先后有百余名妇女在这里找到了就业岗位，这些贫困妇女经过扶贫技能培训以后，很快掌握了柯赛绣、手工地毯等少数民族手工艺品制作技能。

听说乡里要建立脱贫创业孵化园，乌兰古丽积极报名参加培训学习，并且成为第一批进入脱贫攻坚创业孵化的工人。乌兰古丽深有感触地说："是脱贫创业孵化园让我学到了技术，不再做家庭妇女，每月有了稳定的收入，家里的日子也过得越来越有滋味。"像乌兰古丽一样的贫困家庭妇女在这个脱贫创业孵化园要占60%多。

"创新党建扶贫这种模式，有效地激活了基层组织活力，为脱贫攻坚提供了强大的组织保障，使精准扶贫更加有的放矢，让产业扶贫有支撑点，让脱贫致富有带头人，让更多的扶贫车间建在家门口，使贫困农牧民务工持家两不误。"尼勒克县委常委、组织部长倪文斌说。

一大"法宝"彰显初心

为确保打赢脱贫攻坚战，尼勒克县委紧密结合"两学一做"学习教育和"不忘初心、牢记使命"主题教育，让每一名党员都成为带领群众脱贫致富的开路先锋，努力实现精准扶贫精准脱贫与基层党建深度融合。

尼勒克县委从健全机制入手，制定出台党建扶贫以及扶持发展"扶贫车间"促进建档立卡贫困劳动力转移就业的相关政策，按照"政府引导、企业带动、多方参与"的工作思路，积极引导和鼓励企业和农民工返乡创业建设示范基地、支持和帮助乡土"能人"利用乡镇（村）闲置土地、房屋等资源，依托当地特色经济和少数民族手工业等产业优势，重点培育和打造一批"扶贫车间"，走出了一条具有地方特色的就业扶贫之路，让鲜红的党旗飘扬在脱贫路上，确保脱贫攻坚方向明、路子对、干劲足、人心齐。

乌赞乡兰干买里村"两委"注重培养脱贫致富带头人，前年，他们把具有掌握装饰材料加工技术的热依木江·阿不都外力纳入脱贫致富带头人支持范围，从政策上积极地扶持热依木江·阿不都外力创业就业，帮助他成立了热依木江雕花厂和乌孜汉装修有限公司，并积极帮助他申请和解决建厂投入所需的资金，还为他多方联系产品销售，拓展产品销售渠道，在村"两委"的帮助下，热依木江·阿不都外力的"扶贫车间"运转得得心应手，带动了周围的贫困户从事装修、装饰业，吸纳了村里100多名贫困青年就近就地就业。

"兰干买里村有850户3255人，人均收入达到13100元。通过能人带穷人，让贫困劳动力有事干、有钱挣，增加贫困劳动力的收入，这是让老百姓在家门口就能脱贫致富的一个好办法。"村委会主任木沙江·凯里木江说。

在热依木江雕花厂负责机器正常运转的热合曼告诉我们："扶贫车间主要是我们穷人办的企业，在这里上班，我每月收入有2500多元，有了稳定的收入，家庭生活也有了保障，党的扶贫政策让我有事干、有房子住，生活有了奔头，我感谢党，热合买提（哈萨克族语，意：谢谢）！"

目前，乌赞乡成立了16个就业孵化基地，最多时一个中小微企业可解决80多名贫困村民就业，很多家庭妇女在家门口的"扶贫车间"或者合作社就实现了就业。

"在打赢脱贫攻坚战中乡党委就是'前线'指挥所，村党支部处于一线阵地，乡村两级基层党组织起到了凝心聚力的作用，党员发挥示范带头作用，党建扶贫主要是引领农牧民依靠就业增收、依托产业脱贫，实现全民创业，共同筑牢社会稳定与长治久安的基础。"尼勒克县委常委、统战部长移三泰告诉我们，他之前任党委书记的乌赞乡"以党建促扶贫、以扶贫强党建"的实践有力地证明了这一点。

新疆天虹基业纺织有限公司与尼勒克县苏布台乡套苏布台村签署"百企联百村"党建联建协议，许多贫困农牧民丢下了牧羊鞭，放下了坎土曼，走出大山，进了都市，经过职业技能培训后成为产业工人。

"公司去年录用来自尼勒克等县的 1000 余名富余劳动力，让贫困户就业脱贫的同时，也解决了企业用工难题。"天虹基业纺织有限公司党支部书记、总经理杨勇说。

尼勒克县乡村三级将繁重的脱贫攻坚与基层党建工作相互促进、相互融合，持续唤醒根植于党员心中的宗旨意识、党性意识，始终激励着党员干部不忘初心、牢记使命、记住担当、践行诺言，始终保持啃硬骨头的工作作风，让抓党建工作成为脱贫路上攻克难关的一大"法宝"。

一面"旗帜"引领航向

尼勒克县委按照"支部引路、党员带路、产业铺路"的办法，把建强基层组织与脱贫攻坚紧密结合，瞄准全县 15544 名贫困人口增收脱贫难题，推行"党建＋产业＋支部＋合作社＋贫困户"扶贫模式，将有脱贫能力、有致富愿望的贫困户吸纳进来，把党组织建在产业链上，将能人党员聚在产业链上，让贫困群众富在产业链上，充分发挥其组织、示范、引领、服务作用，努力实现一个党组织引领一个产业，一个党组织凝聚一个企业，一个党组织带动一个园区。

天蕴有机农业有限公司是一家非公有制企业，2016 年，在县委组织部和喀拉苏乡党委的支持和帮助下，建立了企业党支部。支部始终把党建工作融入企业的规范化建设和经营管理全过程，围绕产业扶贫、电商扶贫、旅游扶贫、劳务用工等帮扶项目，开展村企合作，利用自身管理、技术、人才等优势与村级党组织开展"组织对接、管理对接、活动对接、服务对接"的"四对接"党建引领脱贫攻坚活动，搭建党员拓展服务与助力精准扶贫精准脱贫的平台和载体，实现村企资源共享、优势互补、互促双赢的党建促脱贫模式。天蕴有机农业有限公司党支部自成立以来，联合贫困户成立了全赢农产品购销农民专业合作社及鱼水情农业有限公司，引导贫困户以土地、闲散资金、劳动力等形式入股合作社及企业，并为贫困户提供集技能培训、生产养殖、加工销售、劳务输出为一体的精准帮扶措施，实现"流转土地收租金、务工就业挣薪金、入股分红获股金"，带动 1200 余户贫困户，户年均增收 3000 元以上，公司的生产效率提升了 35%，支部还帮助企业筑巢引凤，有 4 名研究生前来企业工作，使企业的人才力量不断集聚，为企业的长远发展奠定了基础。

天蕴有机农业有限公司董事长张秀高兴地给我们介绍："企业成立党支部，如同一面'旗帜'在引路，三文鱼的养殖、销售、加工和特色旅游项目开发是我们公司的主要产业，现在，每年为喀拉苏乡的贫困户发放分红 182.7 万元，提供 100 多个就业岗位，公司党员数量已经发展到 9 名，大多是一线的管理人员和技术骨干，企业董事会与党支部同频共振、互促共赢，有了党支部，我感到企业的生命力更加旺盛了。"

"党建是一面'旗帜'，引领脱贫攻坚的航向，它让'要我脱贫'变为'我要脱贫'，通过基层党组织发挥凝聚力和战斗力，为企业提供了政治动力、组织动力，为联系贫困群众架起一座座连心桥，引导农牧民脱贫致富。"喀拉苏乡党委书记陈炯说。

近年来，尼勒克县通过村企共建、辐射带动、结对帮扶等精准扶贫模式，进一步引导和帮助贫困群众挪穷窝拔穷根，在脱贫攻坚一线让党旗飘起来、党员站出来，实现了非公党建与脱贫攻坚深度融合、互促共进，实现了党建强、发展强。

一座"堡垒"集聚力量

农村富不富，关键看支部。基层党组织牢不牢固，直接关系脱贫攻坚"最后一公里"是否畅通。尼勒克县委把夯实堡垒作为打赢脱贫攻坚战的固本之举，切实强化堡垒引领，增强村级组织"造血"功能，把基层党组织建在产业扶贫第一线、脱贫攻坚第一线。同时，依据村级党组织"星级化"创建标准，建立健全贫困村党组织分类定级、持续整顿、动态管理长效机制，围绕村级阵地建设、集体经济等问题，切实增强基层党组织的政治功能、服务功能，突出示范引领，在贫困村、非公等领域重点培育服务脱贫型、服务创业型等主题突出的党建示范典型。他们坚持把能人党员选拔进村"两委"班子，推动基层组织由"管理型"向"服务型"回归，切实增强服务群众能力，强化基层党组织的社会管理功能，加大农村改革、民风民俗、社会风尚、依法治理的宣传力度，切实发挥基层党组织的坚强堡垒作用，有效地促进精准扶贫和党建工作的良性互动，选派了30名有较强政治意识和工作能力的县直机关干部担任贫困村第一书记。

县委组织部还注重强化党员素质提升，抓好农牧区党员实用技术培训，全面增强广大党员脱贫致富的本领和提升引领群众脱贫致富的能力。通过强化"堡垒"作用，集聚"火力"，让支部活起来、有抓手，党员动起来、能"带富"，有力地带动了贫困户增收致富，托起了贫困群众的"致富梦"。在打赢脱贫攻坚战的几年里，全县共换届选出村"两委"正职146人。对9个软弱涣散基层党组织进行巩固提升并完成复验工作，年内全县村级组织"增收致富星"全部实现达标，农牧民人均纯收入和村集体经济收入"双增收"。

目前，尼勒克县已初步形成了以三文鱼养殖、旱田小麦、红旗土鸡、马肉和马肠子加工、肉鸽繁殖、伊犁黑蜂、新疆褐牛养殖、菌菇生产、少数民族手工艺品加工等为载体的产业孵化基地30余个及专业合作社147个，实现7005户贫困人口就近就地就业，户均增收6000元以上，开拓了"流转土地挣租金、入社打工挣薪金、入股参股挣股利"脱贫致富新途径，让扶贫真正由"输血"向"造血"转变，探索出了具有区域特色的造血式脱贫攻坚新模式。

　　在打赢脱贫攻坚战道路上，一面面鲜艳的党旗在飘扬，飘在尼勒克县每一个共产党员的心中，飘进了老百姓幸福美好的生活中……

机关帮扶干部到贫困村一起过"党日活动"

木斯乡兴富村便民服务大厅

县乡村三级帮扶干部入户宣讲

（二）在"百里画卷"上念好"扶贫经"

尼勒克县既是国家扶贫重点县，也是旅游资源富集区，打赢脱贫攻坚战以来，县委和县人民政府坚持"既要绿水青山，也要金山银山"的发展理念，以自然风光游、民俗风情游、生态休闲游为主题，对全县开展旅游资源排查，加快开发特色鲜明、功能配套、服务规范的多元化旅游扶贫新模式，通过大力发展乡村旅游扶贫，促进贫困农牧民增加收入。

让贫困户在绿水青山中"淘金"

近年来，尼勒克县以大力发展全域旅游、国家 5A 级景区创建、打造新疆康养旅游产业发展先行先试区为切入点，依托"蜜蜂之都、岫玉之城、柯赛绣之乡、百里画廊"四张名片，争创国家级全域旅游示范区。同时，以打造"伊犁国际旅游谷体验区"、康养旅游休闲度假区、自驾旅游首选地、温泉疗养目的地为目标，构建"美丽山城、康养胜地"特色旅游品牌和建设旅游扶贫示范村，加快推动县域旅游经济提速发展，确保在打赢脱贫攻坚战中，让贫困户在绿水青山中获得收益。

唐布拉，是亚洲最美四大草原之一，是巍峨的天山杰出的"代表作"，是大自然对尼勒克的偏爱与馈赠。唐布拉草原既是新疆唯一的、也是全国为数不多的不收取门票的 4A 级自然风景区。

游客们常说："不到新疆不知天山之美，不到唐布拉不知道天山

唐布拉百里画廊风景区

美在哪里。"

这里有在旅游画册上难以直观体验到的全景式的美景，冰峰雪岭的壮观、潺潺流动着的溪流、茂密葱郁的森林、碧波荡漾的草原、气势磅礴的山石、寂静幽深的高山湖泊、清爽舒适的温泉、奇特的阿尔斯郎石林，每时每刻都给人以美的享受。唐布拉，名副其实的"百里画卷，天然画廊"。

在唐布拉景区乔尔玛风情园内，很多贫困百姓都在统一规划的园区内搭建接待毡房。胡吉尔台乡索孜木图村村民别克木拉提·玛里拜就是其中之一，他说今年要把握住这三个月旅游的黄金期，这几年政府给自己免费发放毡房，建好基础设施，搭建好了平台，自己更要努力，不断提升自己的收入。

"我从 2016 年开始从事旅游相关工作，在国家扶贫惠民政策的帮扶下，我们找到了挣钱的好路子，去年经营了两个多月，就收入三万多，乔尔玛的绿水青山真的成了金山银山。"别克木拉提·玛里拜说。

尼勒克县围绕旅游基础设施开发建设，将重点完成黑蜂庄园汽车

独库公路乔尔玛景区宿营地

宿营地项目、湿地古杨河道整治项目和湿地古杨景区牧家乐提升改造项目三大工程。其中，黑蜂庄园汽车宿营地项目总投入 200 万元，目前已竣工并投入使用；湿地古杨河道整治项目总投入 600 万元，目前已完成整治河道 2.3 公里，宽 8 米，堰体 5 座；湿地古杨景区牧家乐提升改造项目总投入 300 万元，目前已进入试营业阶段，为全面实施旅游扶贫提供必要的条件。

贫困户：亮出"旅游名片"迎来八方客

为给乡村旅游发展提供保障，县委和县人民政府陆续出台了一批优惠政策扶持愿意发展农牧家乐的贫困户，根据农牧家乐接待规模、规范经营、星级创建的因素，开展农牧家乐基础设施资金补助等，一批胆大心细、头脑灵活的贫困农牧民成为首批享受旅游优惠政策而勤劳致富的"小老板"。

阿孜木别克·努尔旦别克是典型的因病致贫贫困户，以前在建筑工地是个大工，后来生病做手术，不能干重体力活了，从此家里没了收入，日子也过得越来越贫穷。2016 年乡村干部、帮扶到户责任人和他商量，把旅游扶贫作为阿孜木别克·努尔旦别克家精准扶贫精准脱贫"一户一策"的措施，紧接着就安排他来唐布拉景区乔尔玛风情园开旅游点，三个月的旅游旺季让阿孜木别克·努尔旦别克收入近 4 万元。

"每年能把毡房搬到风情园里，做上三四个月的生意，有了稳定的收入来源，家里的日子也会过得越来越好，在风情园里只开了一年的牧家乐，我就脱了贫，是因为有了党和政府的帮助，我们家才有了今天，我一定听党话跟党走，挣更多的钱，过更好的日子。"

阿孜木别克·努尔旦别克还时不时地拿出自己的名片，他说自己以前只会一点点汉语，自从开了旅游点，因为招揽客人，语言交流也多了，他家的旅游点也经常会有"回头客"给他打电话来，要求预订毡房和准备宰杀的羊羔子，他说一来是把客人招待好，还要多宣传，把自己的名片发出去，争取客人。

变化的不仅仅是阿孜木别克·努尔旦别克一个人、一个家庭，从2016年开始，胡吉尔台乡索孜木图村的20户贫困户均是在乔尔玛风情园内，通过发展牧家乐脱贫增收。

依托优质的自然资源，打造出新颖的旅游扶贫路，胡吉尔台乡不但让贫困百姓走上了旅游致富路，更是做好了前期各项准备工作，从技能的培训到免费发放毡房等基础设备，再到水电路全通，使得贫困户享受到旅游扶贫好政策，让贫困百姓节约了成本，提高了收入。

截至2019年底，全县现有农牧家乐及农家乐家庭接待点近109家，其中星级农家48家。特别是在夏天旅游旺季，来尼勒克县避暑的游客较多，农牧家乐旅游经营活跃。仅2019年，全县农家乐、牧家乐、渔家乐等共接待游客214.48万人次，同比增长58%，实现旅游收入20.52亿元，同比增长51%。

毡房

尼勒克县木斯乡天山红花

旅游扶贫成为贫困群众热门的增收渠道

尼勒克县立足自身，不断加大宣传营销投入，制作尼勒克县康养旅游专题宣传片，成功举办第五届中国·新疆"甜蜜尼勒克"蜜蜂文化旅游节暨"民族团结一家亲"湿地古杨景区踏青游园活动启动仪式、第六届冰雪艺术节、第四届"唐布拉杯"滑雪比赛、唐布拉景区秋(冬)季摄影节等系列活动，通过以节造势、凝聚人气。通过一系列活动，拉长旅游扶贫产业链，为各族贫困群众增收致富创造条件。

在尼勒克县克令乡阿依那巴斯陶村，一座座漂亮的哈萨克族特色民族毡房进入了我们的视线。

"2015年政府给我们盖了60平方米的房子，今年政府又给我们出资3.5万元，给我们盖了特色毡房，配备了牧家乐的基础设施，教会我们发展旅游业脱贫致富，真的要感谢党和政府。"努尔沙·哈提说。

克令乡这样的房子一共盖了 20 户，乡里把发展旅游作为一个产业，鼓励贫困农牧民发展牧家乐增加收入脱贫致富。

不仅如此，尼勒克县旅游部门还研发"一勺蜜、一枚章、一枝绣、一幅画、一瓶水、一条鱼"等特色旅游商品，利用电子商务平台、O2O 体验店，实现线上线下同步营销；完成"十大特色农家乐""十大特色美食"评选活动，助推品质旅游提档升级；在湿地古杨景区实行免费 WiFi、智能导游、信息推送等功能全覆盖，为游客全方位提供优质服务，促进了旅游产业提质增效，让旅游扶贫成为贫困群众增收的热门渠道。

争做旅游扶贫"好推手"

县委和县人民政府将发展乡村旅游作为贫困农牧民家庭增收最现实、最直接的途径，以旅游产业带动脱贫致富为出发点，探索创新旅游扶贫新模式，广泛为贫困人口提供就业、增收平台。

各相关部门争做旅游扶贫"好推手"，积极拓宽乡村旅游扶贫开发融资渠道，鼓励各类企业、社会团体和个体以多种融资方式，参与乡村旅游扶贫开发和项目区基础设施建设也是做好乡村旅游扶贫的重点。以建设乡村旅游示范乡镇为抓手，通过资金扶持和政策引导，帮助贫困户通过农家乐、牧家乐增加收入，同时各乡镇跳跃做好星级农牧家乐创建、提升和改造工作，推进家庭旅馆、特色毡房、乡村客栈建设，打造乡村旅游示范村。

尼勒克县旅游局积极争取国家乡村旅游扶贫项目，申报蜜蜂小镇、科蒙乡特色小镇等 19 个特色旅游村镇乡村旅游示范点建设，突出示范引领作用。

为助力尼勒克旅游商品发展，尼勒克县还举办首届旅游商品大赛，并邀请上海、台湾、常州等地的设计专家来尼勒克县实地考察，共收到创意作品 300 余件。同时，为推动尼勒克县旅游经济发展，满足县域内游客需求，景区面向全县各族群众推出年票等一系列特色鲜明的旅游产品和优惠活动。

按照尼勒克县脱贫攻坚行动计划总体安排，加快实施尼勒克县克令乡克孜勒吐木斯克村、克令乡阿依那巴斯陶村、喀拉苏乡克什喀拉苏村、喀拉托别乡萨依博依村、尼勒克县种蜂场农业队5个村旅游项目。其中，每个村旅游扶贫资金25万元，共计125万元。

自2017年起，尼勒克县进一步提升具有民俗特色的苏布台维吾尔民俗一条街、喀拉苏"渔家乐"村、种蜂场旅游孵化村、黑蜂产业园、休闲农业体验观光及溧阳村等一批旅游富民工程，拓宽农牧民增收渠道。同时，鼓励旅游景区、企业最大化聘用扶贫户，通过旅游带动脱贫增收。

旅游扶贫为贫困家庭搭建致富快车道

在打赢脱贫攻坚战中，尼勒克县始终聚焦打好脱贫攻坚组合拳，利用"旅游+扶贫"模式，为全县各族贫困百姓提供就业平台以及创业市场，使得尼勒克县全域旅游发展的同时，百姓搭上旅游快车，持续增收致富。

湿地古杨风景区是尼勒克县首个成功创建国家级4A景区，经过多年的发展，已经成为伊犁州重点旅游景区。整修一新的景区，生机勃勃，春意盎然，开张迎接八方游客，每逢节假日，景区内的工作人员便迎来忙碌的旅游高峰。

赛力克是景区内一名电瓶车司机，每日的工作就是拉送来往的游客。他于2017年6月到景区工作，每月有2300元工资和200元提成。"在这里上班，比我在家放羊要强多了，一年能有两万多块钱的收入，家里的日子比以前过得好多了，我打算在这个景区长期干下去。"湿地古杨景区工作人员赛力克·波力说。

在发展旅游中，针对不断提升的游客接待量，景区还专门成立古杨特色餐饮，将当地的美食一并纳入旅游服务中。贝加曼勒是一名贫困户，在景区的餐饮店成立后就来到这里打工，每个月都能拿到2000元的收入，算下来一年能有2万多块钱的收入，当年就成了脱贫户。

"脱贫攻坚作为企业应尽的责任和义务，近两年，已经解决了13名贫困劳动力到企业来就业，这些贫困劳动力就业以后就有了一份稳定的收入，带动了贫困家庭脱贫致富。"尼勒克县全域旅游投资有限公司总经理柴立国说。

发展旅游为贫困家庭劳动力提供就业岗位，尼勒克县全域旅游投资有限公司自成立以来，积极向该县各乡（镇）场招收贫困百姓，目前已开发出驾驶员、餐饮工作人员、保安等一系列旅游服务岗位，直接带动贫困家庭增收致富。同时，针对贫困劳动力积极进行专项扶贫职业技能培训，让贫困劳动力搭上旅游致富的快车。

旅游柔性人才开展全县培训活动

（三）黑蜂舞动让贫困户过上甜蜜生活

　　尼勒克县地处新疆西天山的脚下，优良的自然环境与气候造就了尼勒克县独特的自然风光，特别是尼勒克县东南方位的唐布拉草原，不仅以其如画的风景受到国内外旅游者的青睐，而且作为新疆唯一的黑蜂自然保护区，蜜源资源极其丰富，被誉为亚洲最大的"天然蜜库"，山花面积达 40 多万公顷，是我国罕见的无污染、无公害的优质草原，也是著名的国家级蜂业养殖基地，是发展蜂业的天然"圣地"。素有"中国西部蜜库"之美誉。

　　过去，由于蜂蜜产业基础相对薄弱、地理位置偏远，加之缺乏成熟的企业和人才，黑蜂原蜜这个生态佳品的销售一直进展缓慢。打赢脱贫攻坚战的这几年里，尼勒克县将打造集蜜源种植观赏、养蜂生产体验、蜂文化旅游观光为一体的特色蜜蜂小镇，促进蜂产业与健康产

尼勒克县蜜蜂小镇全貌

黑蜂自然保护区标志

业、旅游扶贫、蜂业扶贫的多业态融合发展。目前，尼勒克县已建成全疆最大黑蜂繁育保护基地，蜂群已达 2.99 万群，其中新疆黑蜂蜂群 1.2 万群，蜂产品已呈高品质态势发展，利用蜂业让贫困户走上脱贫之路，已经成为产业扶贫的重要选择。这也被尼勒克人誉为打赢脱贫攻坚战的"农业腾飞之翼"。

蜂蜜甜透"蜂农心"

哈萨克族养蜂人肯杰太的家就在这个"圣地"，十一年前随父亲开始养蜂，肯杰太就与蜂为伴，如今 46 岁的他已是唐布拉一带远近闻名的养蜂人。

7 月中旬至 8 月中旬，是一年中蜜蜂采摘山花蜜的最佳时节，这一段时间关系到蜂农一年的收成，那时的唐布拉草原山花烂漫，肯杰太一家每天重复着繁重的工作。

"自家养 200 多箱黑蜂，去年产的黑蜂蜜销得好，卖了十几万元。

今年雨水好，草原上植被生长得非常好，蜂蜜的产量和质量绝对要比去年好得多。"肯杰太说。

2010年，县里为像肯杰太一样的蜂农免费提供一座价值1.5万元的蜂房，并提供5万到10万元不等的养蜂贴息贷款。2013年，肯杰太增加了50箱蜂；去年收入十几万元，这是肯杰太多年来收入最多的一年，这让他看到了养蜂的甜蜜未来。

2015年6月4日，"国家级新疆黑蜂畜禽资源保种场"落户尼勒克县种蜂场。

国家蜂产业技术体系首席科学家、中国农业科学院蜜蜂研究所所长吴杰这样评价："这是伊犁黑蜂产品当之无愧的殊荣。"

据自治区蜂业技术管理总站站长刘世东介绍说："新疆黑蜂能采集到天山深处无污染的鲜花，产蜜量高于其他蜜蜂35%，而且含糖量高，富含矿物质、有机酸、蛋白质、维生素和酶。作为一种营养丰富的珍贵蜂蜜，新疆黑蜂蜂蜜深受消费者喜爱。"

蜂业扶贫让贫困户过上甜蜜的生活

尼勒克县盛产高品质的黑蜂蜂蜜，为农牧民脱贫致富拓展了新的渠道，这两年贫困户养蜂已达到1000多箱，他们在养蜂中尝到了甜头，从而走上脱贫致富的路子。

脱贫攻坚战中"甜蜜的事业"

尼勒克县委和县人民政府注重利用有效资源，促进脱贫攻坚，坚持不懈地把种蜂场打造成为我国西北地区最有影响力的"蜜蜂小镇"，扩大蜂业发展，多措并举，对贫困农牧民进行养蜂技术培训，让贫困农民在"甜蜜的事业"中过上有质量的生活。

他们紧紧围绕脱贫攻坚目标，培育和壮大特色主导产业，以保护新疆黑蜂原种、扩繁种群为根本出发点，以全面推广饲养新疆黑蜂蜂种为抓手，先后制定出台了《新疆黑蜂保护区蜂群黑化实施方案》，申报建立了面积达2547平方公里的新疆黑蜂保护区，区域内构建划定为"五大集群"（核心区、外围区、天然交尾区、科研育种区、产业观光区），完善建立了新疆黑蜂标准化养殖基地，在保护区域设立卡点，严格控制异种蜂群进入保护区内，确保保护区内新疆黑蜂基因不退化，蜂种不杂化。

"尼勒克作为全疆最大的黑蜂产业带，新疆黑蜂的特异性，伊犁发展黑蜂产业的地理优越性，以及当地利用黑蜂产业促进脱贫攻坚，这几年摸索积累下来的一些经验，都是具备发展黑蜂产业扬帆起航的东风。"农业部巡视组组长、国家畜禽遗传资源委员会办公室主任、全国畜禽总站站长郑友民对尼勒克发展黑蜂事业、促进脱贫攻坚寄予厚望。

与此同时，国家农业部先后赠送给尼勒克县40只黑蜂蜂王，尼勒克县通过2年时间使现有的蜂种得以基本改良，改良后的蜂群群均采蜜量可增加10公斤，群均增收300元。2012年4月，国家批准并出资在尼勒克县种蜂场建立黑蜂育种站，年均培育新疆黑蜂蜂王800

只，为新疆黑蜂畜禽保种发挥了积极作用。

由"蜜蜂小镇"种蜂场和央视 7 套合作拍摄的《新疆黑蜂的人工授精》和《新疆黑蜂养殖技术》两部科普扶贫专题片，获得国家科技部"春蕾"奖。

据尼勒克县种蜂场负责蜂业的副场长张海峰介绍，为了夯实蜂产业的发展基础，提高蜂农的养蜂技术，吸收更多的贫困户参与蜂业扶贫，壮大养蜂队伍，近年来，县里举办了多期黑蜂养殖技能培训班，特邀自治区蜂业技术人员授课，共培训学员 155 名。

近年来，据时任种蜂场党委书记张凯畅介绍，今后，尼勒克县还将依托国家级新疆黑蜂保种场的建立，以蜂产业精品化、蜂产品高端化、蜂发展多元化为突破口，强势推进黑蜂产业和蜂产品加工业，使部分从事农牧业生产的年轻人特别是贫困家庭劳动力，从种植和养殖

蜂业扶贫、现场指导

业中解放出来转变生产方式发展黑蜂养殖业，不断完善黑蜂产业链，夯实新疆黑蜂产业基础及品牌深度，力争把蜂产业做成脱贫致富的优势支柱产业。

尼勒克县正在将黑蜂产业作为打赢脱贫攻坚战独具特色的"甜蜜的事业"做大做强，提出把黑蜂品牌做成优势、特色、富民、旅游产业。按照规划，到 2019 年底，全县养蜂户将发展到 1200 户以上，蜂群数量将由目前的近 3 万群发展到 7 万群，全县年加工蜂蜜能力达到 4500 吨以上，蜂产业产值突破 2 亿元，蜂农人均增收 13000 元。为了提高产品附加值，尼勒克还通过了国家有机产品的认证，目前，全县已完成 20 万亩有机蜂产品基地的认证。

蜂情塞外扶贫情

如果说尼勒克是新疆黑蜂舞动的地方，那么沈志玲则是让新疆黑蜂"飞"向全国的创业者代表。这位叫沈志玲的"80 后"姑娘，是土生土长的尼勒克人，毕业于北京外国语大学日语系，之前是在北京 CBD 大楼工作的白领丽人。2015 年，她放弃了"北漂"顺风顺水的生活和蒸蒸日上的事业，带着一群同样有着大公司工作经验的伙伴们一起回到美丽的家乡——尼勒克，开始了他们的黑蜂电商扶贫创业事业。

2016 年，她成立了伊犁塞外蜂姑娘蜂业有限公司和尼勒克蜂情塞外电子商务有限公司（两家公司），注册了两个商标，代理分布全国各地。

凭借着尼勒克黑蜂优良的产品品质，越来越多的顾客开始自发地为她宣传，截至 2016 年底，她的黑蜂产品销售额就达到了 100 多万元，累计带动超过 150 多个贫困户实现增收，人均增收 6000 元以上。通过网络，她累积了超过 1.5 万名老顾客，尼勒克黑蜂产品的粉丝超过 3 万多人。

目前，她的公司预计可以帮助超过 500 名贫困户蜂农实现增收，人均增收预估不低于 5000 元，在实现自身黑蜂电商事业发展的同时为尼勒克的扶贫事业作出实实在在的贡献。

自 2014 年，国家商务部、财政部、国务院扶贫办启动电子商务进农村综合示范工程，希望通过示范工程打通农村地区流通双通道、培育农村地区创新创业新动能、完善农村电商公共服务体系、助力国家脱贫攻坚。尼勒克县以农村电商扶贫工作为契机，积极开展电子商务相关工作，建立健全了一套发展黑蜂电商产业扶贫计划，将黑蜂电商产业的发展作为尼勒克县脱贫攻坚的突破口。

为了大力发展黑蜂电商产业扶贫，尼勒克县委和县人民政府注重建立了立体化、分层级的农村电商人才培育体系，加大农村电商人才培训力度，助力黑蜂产业扶贫。截至目前，全县累计培训超过 6000 人次，其中贫困户培训超过 1000 人次，通过一系列培训，成功培育超过 300 名懂开店、会营销的电商经营专才，累计组织企业电商沙龙和交流会 30 多场，全县形成了浓厚的黑蜂电商产业扶贫新氛围。

尼勒克县还不断地完善黑蜂电商扶贫产业县乡村三级物流体系，打通尼勒克黑蜂产品的出疆通道，帮助蜂农和企业降低了 28% 以上的物流成本。

县人民政府还专门出台了电商市场监管制度和电商经营主体信用评价机制，形成了公平、竞争的电商市场秩序，黑蜂电商产业间恶性竞争事件降低 90%。

搭建完善的电商公共服务体系。政府牵头，联合县邮政公司、县内多家民营快递公司，成立了尼勒克县快递集散中心、尼勒克县仓储中心、尼勒克县乡镇配送中心，并出台"五免四减半"的仓储政策，降低企业租赁成本 85% 以上。

正是在这一系列的举措下，自 2015 年开始，尼勒克开始不断涌现一批自主创业的黑蜂产业经营主体，其中的优秀代表就有尼勒克黑蜂企业家沈志玲、蒙古族电商达人蒙达、哈萨克族代购创业代表茹扎。

尼勒克县通过施行黑蜂电商产业扶持政策，已经有越来越多的创业者投入到黑蜂电商产业中，也进而带动一大批贫困户实现增收脱贫的目标！

（四）阿拉斯加鱼卵孵化出"脱贫能量"

盛夏时节，伊犁河谷处处绿树成荫，各种花草争芳吐艳。走进尼勒克县喀拉苏乡克什喀拉苏村，路边的一块巨石上醒目地镌刻着"渔家村"三个字，不远处的湖泊边，便是目前生产规模全国第二、新疆第一的三文鱼养殖基地。

在乌鲁木齐举办的第五届亚欧博览会上，"天山跃出三文鱼"成为亚博会上一道亮丽风景，天蕴有机农业有限公司的三文鱼展馆成为亚博会上最为火爆的展位之一。

"我们公司养殖的三文鱼鱼卵均来自美国阿拉斯加进口的全雌三倍体品种，饲料也是从丹麦运来的。目前，经过三年培育的三文鱼已正式投放市场，并相继在北京、上海、福建、广东、乌鲁木齐、阿克苏、伊宁市、库尔勒等地开设实体店进行销售。三文鱼推向市场后，原鱼每公斤98元，鲜切每公斤240元，比进口产品要实惠很多。为了推广'天蕴天山跃出三文鱼'品牌，公司先后在乌鲁木齐、博乐、哈密、喀什等地建立了20余个实体店，店面统一装修、统一进货、统一管理，使用统一的'天山跃出三文鱼'门头标志。"新疆天蕴有机农业有限公司总经理李春雨说。

尼勒克县地处伊犁河上游，优质富氧的天山冰川活水常年奔腾不息，目前已经形成的三个大中型水库，蓄积的库区水资源十分丰富，水温常年保持在8℃—13℃，清澈冷凉的水质，且流速缓慢，经过专家们实地考察，十分适合冷水鱼类的生长繁育和规模化养殖，具备三文鱼养殖的基本要素，而且水域水量较大，适宜大规模养殖。

就这样，在当地县乡村三级政府的支持和帮助下，2014年，新疆天蕴有机农业有限公司决定选择在克什喀拉苏村投资建设了三文鱼养殖渔场，养殖区占地57300平方米，计划养殖规模6000吨。经过近5年的发展，企业总资产已达5.6亿元，年产值3.6亿元，目前已形成集研发、孵化、养殖、加工、休闲农业、冷链物流、"互联网+"等多位一体的融合发展绿色生态产业链，养殖的三文鱼已成功走向全国各地市场。一直以来，公司致力于帮助当地贫困户脱贫，在业界颇受好评。

尼勒克县委和县人民政府坚持引进一个企业、带动一个产业、致富一方百姓，积极鼓励企业向"智慧农业""数字农业""绿色农业"方向发展，帮助企业靠大联强，强强联合，优化产业配置，实现企业在绿色生态养殖协调上的优势互补。

目前，天蕴公司已经采用大水面生态环保投饵网箱养殖模式，综合利用先进的管理理念和生产技术、设备设施等使公司冷水鱼养殖能够做到与自然生态相协调，这是国内第一家采用规模化生态环保箱进行三文鱼养殖的企业，这一特色产业的快速成长让天蕴公司跻身农业产业化国家重点龙头企业。

据新疆天蕴有机农业有限公司董事长张秀介绍："养殖基地自成立到现在，一直坚持本土化运作模式，目前企业用工有140余名，70%是当地的农牧民，他们当中有养殖工、加工厂工人、园林工、船长、潜水员、电焊工，有的已经从工人成长为公司的管理员，实现了一个人就业一个家庭脱离贫困，两个人就业，全家就实现了小康，后续企业还计划投入精深加工项目，加上二期的生产，总用工量还将解决100余名劳动力就业，这从根本上解决了农牧民谋出路的难题。"

通过三文鱼绿色生态养殖、销售、加工和特色旅游项目开发，当地不少百姓特别是贫困户参与到公司生产、养殖中来，有力助推了当地的脱贫攻坚进程。

天蕴公司的"渔民"正在作业

2016 年 9 月，首家天蕴三文鱼自营店在乌鲁木齐市开业，标志着天蕴三文鱼正式开始上市销售。

"初步统计，2018 年，养殖商品鱼产量预计能达到 3000 余吨，总产值约为 1.5 亿元。下一步，公司将在做到环境保护和经济建设协调的前提下，充分利用当地清澈、冷凉、优质富氧的天山冰川活水及独特天然的冷水养殖资源，做中国人冷水鱼养殖的创新、领军企业。"新疆天蕴有机农业有限公司总经理李杏丽说。

目前，公司养殖二期工程正在建设中，投入使用后将赶超目前国内最大的青海龙羊峡三文鱼养殖基地，成为国内最大的三文鱼养殖基地。从鱼的品质和营养价值来看，有望超过目前国际上最著名的三文鱼出口地挪威。

这是天山冰川的造化，是产业扶贫的力量，是党建扶贫的魅力，是金融扶贫的有效"嫁接"，是打赢脱贫攻坚战的"经典案例"，来自美国阿拉斯加的三文鱼鱼卵在美丽的天山脚下，孵化着脱贫致富的"能量"。

美国阿拉斯加的三文鱼落户天山脚下

三文鱼养殖带来的"大礼包"

2019 年 6 月 24 日，喀拉苏乡三文鱼养殖基地彩旗飘扬，热闹非凡，原来，这里正在举办新疆鱼水情农业有限公司精准扶贫入股分红发放仪式，来自喀拉苏乡 9 个村的 609 户持股贫困户第 2 次领到了三文鱼养殖给贫困农牧民带来的"大礼包"，他们各自领取了参股时公司承诺的每年每户分红 3000 元的纯收益，当天共计发放的分红金额为 182.7 万元。

伊犁州党委副书记、州长库尔玛什，州党委常委热孜别克、尼勒克县委书记周立新参加仪式。

"通过政府增信、银行融资、企业带动、农户受益的产业扶贫新路子，实现企业获利、贫困户受益的双赢局面，使我们的贫困群众能

喀拉苏乡克什喀拉苏村贫困农牧民参与分红

够长期得到实惠，实现稳定脱贫，除了直接带动外，产业发展的间接带动将更为持续和重要，这将有利于尼勒克县的资源优势转换为经济优势。"周立新说。

今年 43 岁的努尔达吾力提是克什喀拉苏村贫困户，祖祖辈辈在山上放羊，现在已经从马背上下来，当了一名渔业产业工人，刚来基地时只能干些粗活，后来当了三文鱼宰杀工，通过企业技能培训，他成了切鱼片深加工的师傅，现在每月工资 3200 元，还有"五险一金"，外加年终奖第 13 个月的工资，每年还享受公司 3000 元的入股分红。

"三文鱼养殖基地给当地的老百姓带来了太多的好处，就说我自己吧，过去一直靠放牧为生，现在有了稳定的职业，就在家门口上班，每月有工资收入，生活有保障了，家里脱贫了，现在日子过得很舒心，希望公司更好地发展下去。"努尔达吾力提说。

近年来，尼勒克县依靠产业发展优势，建立"政府树立政策导向＋渔业公司提供技术＋贫困户参股扩大资金链"的模式，随着"天

来自尼勒克县喀拉苏乡的三文鱼

蕴"的入驻，喀拉苏乡的牧民们生产方式有了新变化，他们开始和渔业打起了交道，品尝着三文鱼带来的"美味"，独享三文鱼养殖带来的丰厚效益。

2017年，新疆天蕴有机农业有限公司承担起帮助该县喀拉苏乡609户贫困农牧民脱贫致富的重任，成立了新疆鱼水情农业有限公司，利用喀什河流域独特的地理位置和优势资源，实施农产品收购、加工、销售、土地承包经营等项目，并发动贫困户以无息贷款参股，协定每年按10%的比例参与利润分红，每户农牧民用扶贫贴息贷款1万元入股，自2017年起，前三年每年入股村民可分红3000元，这样609户贫困农牧民总共可以得到分红182.7万元，这让老百姓切切实实尝到了入股分红收益的甜头，同时，企业还为当地的贫困农牧民提供100多个就业岗位，原来悠闲懒散的牧民，现在成了有一定思想和素质的新型产业工人。

产业扶贫的"样板工程"

阿拉斯加的三文鱼卵在尼勒克县喀拉苏乡克什喀拉苏村清澈的湖泊中得以成功的繁育，当我们走进巨型环保网箱附近，一群群肥硕的三文鱼自由自在穿梭于清澈的水里，片片鱼鳞在阳光下闪忽着，矫健地左右摇摆、上下翻腾，好一幅生机勃勃的画面，这里是阿拉斯加三文鱼的新家，是国家农业农村部水产健康养殖示范场，也是中国食品安全年会组委会百家诚信示范单位，更是新疆产业扶贫的"样板工程"，是当地贫困农牧民脱贫致富的福地。

27岁的哈萨克族小伙子阿斯哈尔·木沙拜是天蕴公司的一名员工，现在每个月收入有4000元至5000元，2017年来到天蕴公司上班，经过一番专业技能培训后，他成了一名熟练的水面养殖操作工。

"到天蕴公司上班后，每个月的工资收入相对比较稳定，企业还为我们缴了社保，干满三年还可以在尼勒克县城分一套楼房，现在我们全家已经脱贫，依托三文鱼这一产业，我还要和大家一块奔小康呢。"赛山艾力说。

近年来，三文鱼在尼勒克县实现了规模化绿色生态养殖，在全国实现品牌化经营、销售。企业的快速发展不仅为新疆冷水鱼规模化、商品化养殖创出了一条发展之路，也为促进当地脱贫致富构建了新格局。

"我是一名农家子弟，吃过苦，所以对农民有感情，对农业有情怀，作为一名企业家，我希望为尼勒克县贫困群众脱贫致富贡献一份

三文鱼绿色生态养殖

力量，天蕴公司将更加的努力，实现企业的优质发展和效益的良性增长，让当地农牧民通过创业获得更多收益，早日过上美好生活。"新疆天蕴有机农业有限公司董事长张秀说。

天蕴公司正是这样，他们围绕着五大发展理念，做到一、二、三产业融合发展，重点把尼勒克县喀什河的自然资源优势充分地利用起来，带动周边贫困农牧民通过一、二、三产业融合发展，最大限度地发挥三文鱼绿色生态养殖产业的发展和带来的脱贫效应，为尼勒克县打赢脱贫攻坚战贡献力量，倾心打造新疆产业扶贫的"样板工程"。

现在的克什喀拉苏村依托三文鱼绿色生态养殖，大力打造旅游基地，发展集垂钓、美食、手工业、住宿为一体的休闲观光娱乐一条街。目前，该村已有渔家乐 29 个，百货商店 10 个。

天蕴公司除了为贫困农牧民提供大量的就业岗位外，还积极支持和助力尼勒克县打赢脱贫攻坚战，他们联合村民成立的全赢农产品购销农民专业合作社及鱼水情农业有限公司，积极引导村民以土地、闲散资金、劳动力等形式入股合作社及企业，并为村民提供集技能培训、生产养殖、加工销售、劳务输出为一体的精准帮扶模式，实现"流转土地收租金、务工就业挣薪金、入股分红获股金"，带动贫困户增收致富。

尼勒克县委书记周立新

三文鱼产品

表示，绿水青山也是金山银山，今后全县将进一步充分利用资源优势和产业带动的力量，让群众的日子越过越红火，实现社会效益、经济效益与生态效益协调统一，让这里的天更蓝、树更绿、水更清、民更富。

（五）中国石油：将扶贫进行到底

1994 年，根据国务院关于扶贫开发工作的总体部署，中国石油天然气集团公司并具体委托塔里木油田公司定点帮扶尼勒克县。同年 3 月，带着全体中国石油员工的嘱托，带着中国石油人的深情厚谊，怀着不彻底战胜贫困决不收兵的豪情壮志，石油人走进了祖国西北边陲的这片美丽而贫瘠的土地——尼勒克，奏响了一首首以爱心为曲、真情为词的石油扶贫赞歌。

解救贫困是天职

作为能源行业的共和国长子，中国石油集团承载着"国之脊梁"的期待和"经济血液"的重任，在打赢脱贫攻坚战中，他们通过开展定点帮扶工作，用实实在在的扶贫行动唱响了共产党好、社会主义好、祖国大家庭好、改革开放好的主旋律。

自 1994 年以来，中国石油天然气总公司对口帮扶尼勒克县已长达 25 年，从 1994 年至 2019 年中国石油天然气集团公司并塔里木油田公司先后选派了何新勇、单孝、王旭安、杨震、刘玉明、徐晓斌、杨伟、李四川、李惠俊、崔九、王恒、张兰新、罗剑、刘炯、陈卫明、张文、李晓明等 9 批 17 名责任心强、政策水平高、勇于开拓和富有创新精神的干部到尼勒克县挂职，分别担任县委副书记、县委常委、副县长等职务。他们克服生活工作上的种种困难，深入到贫困乡、村和贫困户家中开展调查研究，掌握第一手资料，为做好做实每一项工作提供了决策依据，受到了县委、县人民政府及各族人民群众的一致好评，石油人的扶贫情怀已经深深地浇铸在尼勒克县各族人民群众的心中。

中国石油来尼勒克县挂职的干部有个通用的座右铭："解救贫困是我们石油人的天职"。25年来，中国石油及其塔里木油田的17名挂职干部着实以扶贫为己任，视群众为父母，把穷人当亲人，以尼勒克为家乡，在参与和支持尼勒克县脱贫攻坚工作中倾注了大量心血，他们的帮扶思路和建议一一得以落实，石油人在尼勒克这样一个贫瘠的山谷里，书写着与贫困决战的壮丽史诗。

2002年，党中央、国务院决定实施新一轮对口扶贫，中国石油再次被确定作为尼勒克县的中央定点扶贫单位。2002年9月1日，

时任中国石油天然气总公司办公厅副主任王志刚（右3）一行在尼勒克县进行定点帮扶工作调研

时任塔里木油田党委副书记兼工会主席秦刚一行 9 人受中国石油天然气总公司委托，肩负着光荣的历史使命，再一次踏上尼勒克这块热土。打响了定点扶贫尼勒克的第二次战役。定点扶贫使石油人与尼勒克凝聚了难以忘怀的情结，石油人又一次发出震撼山谷的吼声"要与尼勒克人共战贫困，直到将贫困县的帽子甩进喀什河"。

强化投入办实事

如何使这里的农牧民早日摆脱贫困，一直是石油人最忧心的事。中国石油从 1994 年起，拿出了与天斗、与地斗的石油人精神，与地方政府并肩作战，心系群众之苦，力解贫困之难。他们从项目的立项、审批、建管方面形成了一套很规范的协作运行机制，为尼勒克县脱贫攻坚投入了大量的人力、物力、财力。25 年间，中国石油累计

尼勒克县第二小学综合楼

注入扶贫资金4000余万元，有效地改变了贫困乡村的基础设施建设、农牧业生产发展以及文化、教育、卫生等新扶贫开发中迫切需要解决的问题，履行了央企的经济、政治和社会三大责任。

1996年至2000年，由中国石油集团帮助尼勒克县新建了第二小学教学楼、乌拉斯台乡九年制寄宿制学校宿舍楼、木斯乡哈语石油希望学校、喀拉苏乡卫生院综合楼、喀拉托别乡卫生院住院楼、县中心幼儿园、套乌拉斯台乡石油渠、喀拉托别乡低产田改造、木斯乡兴富村移民搬迁、加哈乌拉斯台乡抗震安居小区、喀拉托别乡褐牛繁育基地等近10多个定点帮扶项目，其间，投入帮扶资金达1600多万元。

从2010年到2015年，中国石油在尼勒克县投入大量帮扶资金，持续开展定点帮扶工作，重点开展农牧民技能培训、基层干部培训工作。

2016年以来，中国石油全力支持尼勒克县开展精准扶贫、精准脱贫，用于支持尼勒克县打赢脱贫攻坚战投入帮扶资金达2500万元。

尼勒克是新疆易灾县之一，洪水、冰雹、雪灾、霜冻、蝗虫是这里的"家常便饭"。每次的灾情发生，中国石油以及塔里木油田公司总是一次次地将石油人的温暖送到灾民的心坎上。每年古尔邦节、春节期间，中国石油以及塔里木油田的领导从不忘记尼勒克县的贫困农牧民，为了让他们过上快乐、祥和的节日，塔里木油田每年都要开展向贫困户送温暖活动。25年间，他们给尼勒克县捐赠救灾和慰问资金达1000万元，还无偿向尼勒克县捐赠课桌、书籍、体育器材、医疗器械、电脑、车辆等大批扶贫物资。

旱田冒出"幸福泉"

位于碧绿山谷的尼勒克县看似不缺水，到处绿草连绵，但"西部三乡"缺水问题一直制约着当地农牧民脱贫致富。眺望着大面积的旱田，尼勒克人想引用落差几百米的喀什河水几乎难上加难，"人在岸上走，水在河中流"，人们只能望水兴叹。

为了让水从旱田梁子上冒出来，2016 年到 2017 年，集团公司与尼勒克县认真调研、反复论证，确定投资 1000 万元实施灌溉机井建设项目，由油田公司负责为当地农牧民打抗旱机井。

2017 年 8 月，正值暑期，石油人帮助喀拉苏乡吐普辛村打好的灌溉机井，已经给这个新规划的村落带来了新的变化。

村民住房是统一规划的富民安居工程，柏油路两边有两条水渠伸向一口机井房前，从井口流淌的一股股清泉，沿着水渠一路欢歌，流向农牧民院内的菜园。

2019 年 10 月，再次走进喀拉苏乡吐普辛村时，路边的格桑花迎风摇曳，易地扶贫搬迁以及富民安居工程让贫困农牧民们都搬进了新家，很多农牧民的庭院里，绿油油的蔬菜长势喜人，五颜六色的鲜花竞相开放。百姓大舞台、篮球场一应俱全，美丽乡村建设已经初具规模。

在贫困妇女布布力汗家，她正在使用洗衣机洗衣服，院子里打扫得干干净净，房子里面也收拾得非常整洁，家用电器应有尽有。

"有了脱贫攻坚的好政策，我们才住上了新房子，有了石油人的帮助，我们家家户户才用上了甘甜的地下水。"布布力汗说。

"中国石油及其塔里木油田公司帮助我们乡在旱田和缺水的村落打了多处机井，很快改变了当地贫困群众的生产生活条件，过去没有通上自来水的贫困村，现在家家户户都通上了自来水，稳定而又充足的水源还为村民发展庭院经济创造了有利条件，老百姓也能吃上在自己的庭院里栽培的蔬菜。"喀拉苏乡党委书记陈军说。

据统计，2016 年至今，油田公司已为尼勒克县农牧民打井 19 眼，为 6 个乡 15 个村 18500 多亩耕地提供灌溉，农副产品增收三倍，使 925 户贫困户 4725 人受益，年增收 500 元以上。

在为农牧民打井的同时，2017 年，为切实帮助尼勒克县贫困户做好春耕备耕工作，搞好春耕生产，用勤劳的双手早日摆脱贫困，油田公司充分发挥自身优势向尼勒克县捐赠 100 吨化肥，助力主战场西部苏布台乡、喀拉苏乡、加哈乌拉斯台乡三个乡脱贫攻坚。

2018 年春天，油田公司又送去春耕化肥 90 吨，以解决贫困户农耕农资燃眉之急。领到化肥的贫困户深受感动，纷纷表示感谢石油人的捐助，一定要辛勤劳作，把农业生产抓好，力争早日实现脱贫目标。

持续发力扶产业

扶贫路漫漫，任重而道远。25 年扶贫路，让石油人真切地认识到了这一点。

为了早日让尼勒克人民摆脱贫困束缚，早日走向致富的康庄大道，中国石油以及塔里木油田公司不断地加大对尼勒克县扶贫的力度。

中石油"扶贫马"帮扶项目落户喀拉托别乡喀尔沃依村

2018 年 8 月 23 日，在尼勒克县喀拉托别乡喀尔沃依村的一片山坡上的草地里，三五个牧民卸下刚刚打来的牧草，堆积如山的草垛旁，一个规划好的图力帕尔马养殖专业合作社马圈正在建设施工中。

该项目是集团公司为了巩固提升脱贫成效，依托当地牧场资源，把畜牧养殖业作为农牧民增收致富的主导产业，建立"合作社 + 建档立卡贫困户"的增收模式，推动该合作社基础建设壮大发展。发展马产业，在旅游、肉食加工、品种繁殖和养殖产业等多方面增加贫困户收入。

2018 年，这里建成了 3 座优质母马养殖棚圈，另配套实验室、检验室、兽药室、病畜隔离室，有 200 匹优质母马率先入棚圈。

喀拉托别乡党委副书记、乡长金斯努尔介绍："这个项目立项结合当地实际，通过合作社的建设，可以延长畜牧养殖业产业链，多方面增加牧民收入。在旅游旺季将育肥马分派给 183 户扶贫户出租给游客拍照、骑乘实现经营收益。还可以出售马奶增收，一匹母马一年产奶可卖 4000 元至 8000 元。所以说这是带动当地农牧民脱贫致富的龙头项目，我们乡政府和一万多户农牧民非常感谢中国石油给我们的帮助。"

"这些年来，尼勒克县作为我们中国石油的定点扶贫单位，总公司以及塔里木油田分公司每年注入帮扶资金，分期分批选派挂职扶贫干部，可以说有了深厚的感情，这使得我们企业尽到了社会责任、政治责任，也使我们到这里来挂职的扶贫干部得到了锻炼，更增强了我们的责任与使命。"尼勒克县县委常委、中国石油塔里木油田分公司挂职扶贫干部李晓明说。

如今，当人们走进尼勒克县，就会发现以"石油"命名的学校、医院、水渠等。25 年来，中国石油对尼勒克县的脱贫攻坚给予了极大的支持和帮助，提起中国石油，当地的哈萨克族老百姓总是竖起大拇指赞不绝口："石油大哥佳克斯。"（哈萨克语，意：好）

一句"佳克斯"，饱含尼勒克县各族人民对中国石油的无限感激

中石油投资 500 万元支持喀拉托别乡发展马产业

之情，在尼勒克人的眼里，石油人就如他们的亲人一样。

"多年来，中国石油谱写了一首首彰显人间大爱的扶贫之歌，他们把奉献能源、创造和谐的企业精神融入了卓有成效的定点扶贫工作中，使其不折不扣地释放着使命的力量，中石油引领中国国企参与定点扶贫工作中，所展现出的负责任形象，让我们深切感受到了和谐的美丽。"这是时任尼勒克县扶贫开发局局长的王健于 2010 年 5 月 18 日在北京召开的中国石油企业社会责任报告发布会上的发言实录。

石油人斟满的豪情熔铸着尼勒克的山山水水，中国石油在尼勒克县 25 年的扶贫行动，述说着这个"共和国长子"深情扶贫的博爱胸怀，演绎着豪迈的石油人与尼勒克县各族人民群众同甘共苦、共战贫困的辉煌。

2018 年，尼勒克县如期摘掉贫困帽，这里面也凝聚着中国石油 25 年的倾情帮扶和鼎力相助，他们在奉献能源的同时，也在奉献着扶贫大爱，奉献着真情。在打赢脱贫攻坚战的新时代里，石油人又跃马扬鞭驰骋在天山脚下这片充满希望的大地上，为了尼勒克县美好的明天，石油人将扶贫进行到底。

（六）"红旗土鸡"变成"金凤凰"

"新疆大盘鸡"是闻名全国的美味佳肴，而农家土鸡则是大盘鸡的最好食材，尼勒克县加哈乌拉斯台乡（原名：红旗公社）的加哈乌拉斯台村是尼勒克县盛产土鸡的专业村，也是旅游和各种过往客人停脚歇息的地方，因为这里有远近闻名的用当地"红旗土鸡"烹饪出来的"新疆大盘鸡"。

美味可口的新疆大盘鸡

尼勒克县加哈乌拉斯台乡的招牌菜

"红旗土鸡"的诠释

用"红旗土鸡"做出来的"新疆大盘鸡"，当属"新疆大盘鸡"中最具农家美味和最有乡情的那一种。说实话，正宗的新疆大盘鸡应该属于沙湾县，但是加哈乌拉斯台乡"大盘土鸡"，可算得上是"新疆大盘鸡"的"始祖"了，这里的"大盘土鸡"已有数十年的历史了，难怪加哈乌拉斯台村的土鸡那么畅销。

红旗土鸡　　　　　　　　　　　　　　贫困村里的生态鸡

关于新疆大盘鸡的由来，说法很多，但最为普遍和最受认同的说法是从伊犁去乌鲁木齐的长途司机在途中的沙湾县县城的路边小餐馆里吃出来的，久而久之，就有了"新疆大盘鸡"的吃法了，因为之前并没有"新疆大盘鸡"这么一说，现在竟然成了具有新疆特色的一道深受大众欢迎的菜。这不是传说，这是北疆人众所周知的事实。但是在伊犁的这些司机和从伊犁来的过往的人群，又从哪儿吃的"大盘鸡"而得以发挥和流传的呢？这就鲜为人知了。

实话实说，尼勒克县加哈乌拉斯台乡由甘肃人、四川人、河南人、陕西人和新疆人等不同地方的人组成，生活在这里的汉族人，由于受当地哈萨克族人吃大块肉、喝大杯酒等饮食习惯的影响，大家都习惯了炒鸡剁成大块鸡肉，炖肉做成大盘肉，由于甘肃人喜欢吃土豆块、四川人喜欢吃鲜辣椒、陕西人喜欢吃腰带面、河南人喜欢吃"杂烩菜"，汉族老乡想到哈萨克族人招待客人是要宰羊的，他们觉得这样有点"奢侈"。为了满足大家饮食习惯的需要，汉族老乡就把各省食材杂糅在一起做成大盘鸡，后来这"红旗土鸡"在尼勒克县乃至伊犁也就小有名声了，沿途的司机和来尼勒克县的客人们总是把"红旗大盘土鸡"当成一道美味的乡土菜来品尝。

当然"新疆大盘鸡"的渊源还有很多传说，这些都不重要，重要的是"新疆大盘鸡"实际上就是"红旗土鸡"的翻版。

加哈乌拉斯台村与乡政府毗邻，位于在尼勒克县到伊宁市 S315 线沿途 18—20 公里处，打"土鸡"牌自然在打赢脱贫攻坚战中，打出了如同"新疆大盘鸡"那一道人人都喜欢的美味儿。

不当村官当"鸡倌"

故事还得从 17 年前说起，主人公是当时的村支书沈光学，四川岳安人，1980 年从部队退伍，1988 年来到加哈乌拉斯台村。

加哈乌拉斯台村是贫困村，也是这个乡最缺水的村，仅仅依靠种上几亩地的旱田是很难让老百姓过上好日子的，今年已经 62 岁的沈

干旱缺水造成旱情灾害严重

光学在 17 年前就是这个村的支部书记。他是退伍军人，吃苦耐劳、待人诚恳，有想法有思路，可是"老天爷"不长眼，2002 年的夏天，似乎太阳被捅了个大窟窿，天气干旱少雨，村民的庄稼一片片旱死在田里，老沈心急如焚，但也没办法，既不能呼风唤雨，也没有回天之力，他只能把自己的水票分给了其他村民，多多少少能帮那些最贫困的家庭收一点粮食，起码肚子不挨饿，可是老沈自己承包的 400 亩旱田却颗粒无收。

老沈是条硬汉子，他觉得自己不称职，对不住大伙，没能让老百姓把日子过好，自己还是个"穷光蛋"，成天守着"穷摊子"，过着穷日子，他觉得没有意思，索性辞去了支部书记的职务。

其实老沈的想法也对，自己的日子都过得那么贫穷，跟村里的老百姓说话哪儿来的底气呀，做一个称职的支部书记，自己应该是一个致富带头人，大伙才能相信你，才能服众。

老沈思量着，加哈乌拉斯台村是远近闻名的"土鸡村"，老百姓养的土鸡从来不缺销路，但是每年的鸡苗都要到附近的伊宁县去购买，实在是划不来呀。

我们怎么就不能建一个以鸡苗为主的家禽养殖繁育基地呢？就这样，老沈不当村官当"鸡倌"去了，他决意要走出一条脱贫致富的好路子。

"通过我们自己的繁育，老百姓家家户户都能多养些土鸡，真正地增加收入，形成一个产业，打出我们红旗土鸡的品牌。"沈光学说。

这一年，老沈在承包 600 亩退耕还林地的基础上，开始钻研家禽养殖技术，他用借来的钱买了 5000 只鸡苗，由于养殖经验不足，鸡苗防疫跟不上，造成出栏的鸡苗成活率不高。

老沈有点失望，这村官当不好，养个鸡还亏了本，只能认穷命吧。乡里领导看着老沈天天都是一副愁眉苦脸的样子，就安慰、鼓励他，并表示争取一些政策支持，让他继续干，就在这个时候，县里的领导路过这里，看到空荡荡的养鸡场，说这地方不错，可以考虑建一个孵化基地，每年为村民提供鸡苗，要不然每年都到附近的伊宁县去买鸡苗，实在是划不来，希望乡里的领导好好再规划一下，县里的供销、农业、畜牧、扶贫等部门服务要跟上。

这么一来，老沈从中看到了希望，为了掌握一套过硬的家禽科学养殖技术，他买了一大堆家禽养殖方面的书，除了啃透书本，还经常请教本地和外地的相关技术人员，到其他县的家禽养殖基地去取经。老沈坚持在学中干、干中学，在实践中摸索和积累家禽养殖和孵化繁育经验，就这样，老沈成天吃在养鸡场、睡在养鸡场、干在养鸡场。到 2004 年，老沈养鸡场的鸡苗成活率提高到 80%，后来的几年里，他养的鸡苗成活率逐年提高，到了 2009 年，他养的 5 万只鸡苗成活率达到了 100%。他创办的土鸡专业合作社，也在不断地壮大，他还让村里的贫困户优先加入他的合作社。

2013 年，沈光学为尼勒克县家禽养殖项目提供优质鸡苗 30 万只、鹅 2 万只，分发到各个贫困乡村，使更多的贫困农牧民迈上了开发式脱贫致富的新路子。

不当村官当"鸡倌"的共产党员、退伍军人沈光学

这几年，老沈家禽养殖和孵化繁育为加哈乌拉斯台乡把土鸡养殖作为农民增收致富的主要支柱产业作出了积极的贡献。

沈光学：最美扶贫新疆人

目前，全乡土鸡养殖户达 800 余户，户均养殖达 100 只。2009 年在乡政府的积极引导下注册登记"红旗土鸡"专业合作社，注册资金 150 万元，并于 2013 年创建为自治区级示范社。发展土鸡养殖社员 328 户，养殖基地占地面积 2000 余亩，有 10 个养殖棚圈，总建筑面积达 9000 余平方米，年出栏达 20 万羽。

2012 年，加哈乌拉斯台乡成立了"红旗土鸡"专卖店，该店总投资 74 万元，店面 150 平方米，配备真空包装机、脱毛机、保鲜设备等。投资 150 万元建成土鸡深加工厂 1 座，厂房面积 600 平方米，配有屠宰间、分割间、分拣房、消毒室、包装房。建设土鸡养殖周转基地 1 座，形成"合作社孵化育雏鸡苗→发放给社员农户饲养→合作社将成品鸡收回基地→加工包装→土鸡店销售"的产业流程，实现了产、供、销的组织化运营。

为提高土鸡和土鸡蛋产品附加值和知名度，今年合作社在乡政府的帮助下注册了"加哈美"土鸡商标，土鸡蛋和土鸡统一设计包装，形成统一的品牌。

红旗土鸡专业合作社为实现农牧民增收致富起到了积极作用，实现销售收入近 1500 万元，人均增收 1600 元。

到 2017 年，特色土鸡繁育雏苗已有 5 万羽，建设规模化养殖基地 3 个，发展入社养殖户 1000 户，养殖规模突破 20 万羽。

全乡到 2020 年，建成规模化养殖基地 5 个，发展入社养殖户 1600 户，养殖规模突破 50 万羽。

据说，加哈乌拉斯台乡的"红旗土鸡"因长时间在院林中散养，主要以野草、昆虫和山泉水为食，这样可以减少鸡肉的肌间脂肪，吃起来爽口而不腻，青草饲养还可以增加鸡肉内的维生素含量。该鸡野性极强、体型小、皮肤黄、爪细长，鸡肉和鸡蛋均属绿色食品具有补血、补气、强身健体、延缓人体衰老、双向调节人体免疫力的功效，滋补价值很高，肉质以鲜嫩为最、汤鲜肉香近年来在市场上颇受人们青睐，市场对"红旗土鸡"产品需求旺盛，价格不断攀升，具有很强的市场竞争力，市场前景广阔。

按照县委提出的"稳粮、强畜、增经（草）、扩果（林）"的总体要求，加哈乌拉斯台乡结合扶贫双百工程，倾力打造"一乡一业、多村一品"，重点支持和发展土鸡特色养殖业。利用庭院、荒地、草原进行散养，现在，土鸡养殖已经成为当地农民增收致富的主要支柱产业。

回望一路走来的沈光学，一个不当村官当"鸡倌"的退伍军人，一个让"红旗土鸡"变成了"金凤凰"的共产党员，在他的身上，我们看到了一个脱贫致富带头人在贫困面前永不言败的决心，看到了一个共产党员在脱贫致富道路上真正的初心。

如今，沈光学已经建成拥有4000平方米的家禽养殖育雏厂房，年育雏能力可达45万只，他的土鸡专业合作社，社员已发展到103人。

2014年，沈光学作为脱贫致富带头人被推选为尼勒克县唯一的"奋斗改变命运·寻找最美扶贫新疆人"候选人。

前不久，我们在加哈乌拉斯台乡走访时，依托产业扶贫收策新建的几处规模化家禽养殖基地和合作社已经投入运营，这些养殖基地将和沈光学的家禽孵化基地相配套，形成一个集土鸡孵化、鸡苗繁育、种鸡饲养和商品鸡销售等为一体的"红旗土鸡"产业链。

加哈乌拉斯台乡副乡长朱文涛介绍：这几年，"红旗土鸡"在加哈乌拉斯台乡产业扶贫中发挥了较好的经济效益，我们现在重点在规模化养殖、扶贫上增效、产业链配套上做努力，通过"党建＋合作社＋产业基地＋贫困户"的模式，让"红旗土鸡"真正成为飞进千家万户的"金凤凰"。

离开加哈乌拉斯台乡时，在家禽孵化养殖基地的沈光学，正在忙着基地的活儿，房子的门口又多了一块新疆维吾尔自治区人民政府颁发的"光荣之家"牌子，他的脸上似乎又增添了几道皱纹。

沈光学告诉我们，受禽流感疫情的影响，他今年压缩了雏鸡的孵化规模，现在禽流感疫情基本上已经过去了，后面将发挥合作社的作用，进入正常的孵化，只见沈光学那张黑黝黝的脸庞绽出憨厚的笑容，笑得那么开心、那么灿烂。

（七）县委书记"八年抗战"守初心

正值初冬季节，地处天山西部伊犁河上游的尼勒克，看上去天空是那么的湛蓝与高远，冬日里那一份暖阳给人们带来了恬静、逸然的融融温情。

2011 年 12 月的一天，周立新走马赴任尼勒克县县委书记，现在掰着指头一算，整整八年了。

"不摘贫困帽，就摘乌纱帽"

尼勒克是 1986 年戴上"帽子"的"老牌"贫困县，"天然贫困"让尼勒克县各族群众在贫穷的生活中苦苦的煎熬着，沾着"八七"脱贫攻坚泥土的香味，这个伴随着共和国成长与进步的"婴儿"（尼勒克，系蒙古语，意为"婴儿"也即"新的生命"），从贫困中一路走来。

周立新是戴上贫困"帽子"后的第六任县委书记，他怀揣着乡愁与梦想，肩负着初心与使命，以时不我待的紧迫感和舍我其谁的责任感，奋勇拼搏在打赢脱贫攻坚战这一不留"锅底"、没有任何退路的战场。

"尼勒克县不能再穷了，也不能再等了，必须拼杀出一条脱贫致富的新路子，让老百姓过上好日子。"周立新默默地念叨着。

打赢脱贫攻坚战，是以习近平同志为核心的党中央给各族人民群众的庄严承诺，这是一场只能赢不能输的攻坚战，这是一个"战场"，更是一个"考场"。

"我们将把'中央以及自治区党委的要求，就是我们的政治任务'，把'不摘贫困帽，就摘乌纱帽'作为我们的决战誓言，以改天换地、重整山河的气魄战胜贫困；以只争朝夕、时不我待的精神创造扶贫开发'新疆效率'；以高效务实的作风服务基层和贫困群众；以后发赶超的气势破解民生难题，动员全县各级干部群众投身到脱贫攻坚这场硬仗中。"这是县委书记周立新于2016年1月8日在新疆扶贫开发工作会议上铿锵有力的表态发言。

一言掷地，声如金石。一个县委书记能够把自己的"乌纱帽"和各族人民群众的"贫困帽"紧紧地捆绑在一起，这是一种勇气与信心，也是一种初心与情怀，更是一种使命与担当。

当天下午尼勒克即邀请自治区对口帮扶单位召开扶贫攻坚座谈会共商脱贫大计。10余家帮扶单位纷纷表态，坚决贯彻落实习近平总书记精准扶贫精准脱贫的新要求，竭尽全力支持和帮助尼勒克县打赢脱贫攻坚战。

1月14日，尼勒克县委召开2016年度第一次常委会，研究制定精准扶贫措施，确保2017年彻底甩掉国家重点扶持县的帽子。

据了解，尼勒克县是1986年被确定为国家重点扶持县的。在自治区党委、政府和国家重点扶持政策的支持下，在各对口援疆单位的帮助下，经过近30多年的不懈努力，全县各项事业有了长足发展，农牧民收入有了显著提高。截至2015年底，全县贫困人口由1986年占全县总人口20.5%的36741人，减少到2016年初的4734户15544人，占全县总人口的8.2%。

周立新

"群众要脱贫摘帽，干部就要脱皮掉肉。"在尼勒克县这不仅仅是一句口号，而且要成为全县党员干部的实际行动。

为了兑现诺言，层层传导压力，以周立新为班长的尼勒克县委一班人横下一条心，立下背水一战的决心，在摸清底数、选准路子、压实责任、完善机制上下功夫，按照"五个一批"精准

抓维护稳定，带脱贫攻坚

扶贫的思路，制定了"扶持谁""怎么扶""谁来扶""如何退"的具体措施。县委常委会将责任落实到每个班子成员肩上，要求班子成员在脱贫攻坚战中人人都有包村脱贫任务，个个都要亲临扶贫一线、尽职尽责，形成打赢脱贫攻坚战强大的牵引力量。

"初心"带来的嬗变

五年前，记得周立新第一次走进贫困户斯马乎力家时，衣衫褴褛的斯马乎力，前额蓬乱的头发中投射出一道茫然的目光，面对着眼前的县委书记，他满脸的冷漠和麻木，斯马乎力真的被穷苦的生活折磨得不成样子了。多少年来一直是靠几亩旱田养家糊口，缺钱、缺技术、缺生产资料，房子里是一贫如洗、家徒四壁，冬天的家里支着一个冷冰冰的破炉子，长年累月每顿饭都是清茶馕，春荒季节有时连馕也吃不饱，是村里村外出了名的特困户。

"大家看一看，老百姓过着这种日子，我心里真的是受不了，咱们在办公室里还能坐得住吗？"斯马乎力的家境刺痛了这位县委书记的心。周立新转过身去，抹了一把湿润的眼睛，似乎空气已经凝固，在场的随行人员默不作声，一个个低下头来。

"从今以后，斯马乎力家的事儿，就是我的事儿，再难我们也要帮他，无论如何也不能让老百姓再这样穷下去了，让老百姓脱贫致富，这是我们的责任啊。"周立新的语气有点坚硬。

他率先垂范，带头包村帮户，选择地处偏远山区的贫困村——苏布台乡套苏布台村作为自己的帮扶村，并要求乡里把最困难的家庭交给他来帮扶，把"最硬的穷骨头"交给他来啃，就这样乡里按照周立新的要求，给他"分配"了两家情形类似的"特困户"。

"和老百姓打交道，要有一颗善良的心，我们不求轰轰烈烈要做多少惊天动地的事，但要真心实意地对老百姓好，为民谋利就是为党分忧，群众的满意就是我们最好的政绩。"周立新在包村帮户工作上以身作则，真情帮扶，做出示范，赢得了县委和县人民政府等四套班子和各级干部的尊重，也赢得了全县各族人民的爱戴。

"周书记操着全县人民的心，还操着我们套苏布台村的心，还时常牵挂着村里的两家帮扶户，我们全村的老百姓都说周书记是亲民爱民的好书记。"套苏布台村党支部书记哈那提·喀万说。

周立新自始至终坚持和群众坐在一条板凳上想事情、谋发展，"只要大家勤劳肯干，我们共同想办法，找到咱们脱贫致富的路子，现在又有脱贫攻坚的好政策，脱贫攻坚的路上，咱们谁也不要落下！"周立新不断地鼓励着、引导着。

一项项增收计划，一条条脱贫措施，一个个产业项目，一项项扶贫资金，在脱贫攻坚战中逐一落实到套苏布台村。

周立新通过深入调查研究、科学制定发展规划，统筹各类涉农资金实施整村推进，如今这个贫穷落后的山村面貌发生巨变，各族群众走上柏油路、住上安居房、喝上放心水、享受优质医疗、学生用上现代化教学设施。他每年前往联系村 20 余次，凡去必与贫困群众拉家常、聊增收，积极引导 500 余名年轻人走出山沟、外出务工，开拓视野、转变观念，在该村的示范带动下，全县疆内疆外转移贫困劳动力 3618 人，仅此一项就实现贫困群众人均增收 320 元。现在，斯马乎力的儿子叶尔扎提就在乌鲁木齐市海宏国际做搬运工。

几年过去了，当我们再次走进斯马乎力的家时，他家的牲畜棚圈已经有 150 只羊、6 头牛、1 匹马；长势茂盛的辣子、西红柿、茄子等蔬菜让庭院充满生机，斯马乎力不仅是牲畜养殖大户，而且是种菜的行家里手，在斯马乎力的示范带领下，过去没有一户种菜的村子，如今变成户户都发展起庭院经济的示范村。

"这些年，周书记给了我很多很多的教育和帮助，我的好日子是共产党给的，是周书记给的，我感谢他，他是我们老百姓的贴心书记，是我们家的亲人，按照我们哈萨克族的礼节，我一定要在家里宰一只羊招待他吃顿饭。"斯马乎力动情地说。

　　周立新每次到套苏布台村看望斯马乎力时，他都执意要宰一只羊来招待周书记，以示报恩，但都被周立新婉言谢绝。这只"报恩的羊"恐怕永远再也杀不成了，因为刚过62岁的斯马乎力在2018年6月的一天因突发心梗而辞世。

　　"新疆伊犁哈萨克自治州尼勒克县苏布台乡套苏布台村2012年发生了奇迹般的嬗变，一年前那个破落凌乱的村庄已经不在，跃入眼帘的是一派整齐漂亮的新农村景象。

　　'这个村2012年用于整村推进扶贫开发投入资金就有约6000万元，这些高强度的投入给套苏布台村带来了福音。'尼勒克县县委书记周立新说。

　　……以专项扶贫资金项目为引领，聚合行业扶贫、社会扶贫、援疆扶贫的力量，集中实施以现代畜牧业、特色种植业、特色手工业、住房建设、基础保障、能源建设、旅游资源开发、生态资源保护、人力资源培训等九大工程，其中产业发展项目占65%以上……"这是新华社2013年1月18日发布的新闻头条。

哈萨克族老人的眼中带着疲惫

　　打赢脱贫攻坚战的这几年里，周立新确实有太多的不舍，有太多的愁伤，还有太多的疲惫。面对贫困，面对各族群众的期盼，面对人民群众对美好生活的向往，他在夜不能寐、寝食难安中度过了八年；他在夜以继日、忘我工作中度过了八年；他在历经艰辛、探求创新中度过了八年；他在以民为本、俯首如牛中度过了八年。如今，尼勒克县已经在2018年经国家评估验收和自治区人民政府批准摘掉了戴了三十二年的贫困县的帽子，我们欣喜地看到老百姓的脸上露出了灿烂的笑容，群众的日子过得越来越红火，尼勒克县城乡一派繁荣的景象。

　　尼勒克变了，变得是那样的美丽、动人，变得是那样的让人流连忘返，变得是那样的令人骄傲。可是当我们有意无意地回望一下周立新的时候，周立新也变了，攻坚八年、扶贫会战，使这位已经 50 岁出头的县委书记更加成熟和坚定；啃硬骨头、打歼灭战，让他苍老的脸上又增添了几块褐色的斑锈；到村入户、精准扶贫，让我们看到当年腰杆笔直、颇有风度的周书记，如今的背影已经有些弯驼。

"周书记真是我们的好书记，是共产党的好干部，到尼勒克这些年，他可是受苦了，也累坏了，我们老百姓看着他拼命的操劳真是心疼啊。"套苏布台村的 88 岁哈萨克族老太太依扎提汗·米合木亚和家里人聊天时说着说着，眼泪就掉了下来。

乌尔曼别克·铁吾克哈孜是周立新联系的三个贫困户之一，依扎提汗·米合木亚老太太就是他的母亲。现在家里有牛、有羊，每年还发放 50 只扶贫的鸡苗，政府补助 6.85 万元帮助新建了安居富民房，儿子努尔旦哈孜是村里的协警，有稳定的工资收入。乌尔曼别克·铁吾克哈孜认真地给我们介绍他家的情况。

妻子努尔加玛丽·乌拉孜努尔旦正在菜园子里摘西红柿，她微笑着告诉我们："地里的蔬菜、'小拱盆'和葡萄架都是周书记亲自帮助我们种植和搭起来的，不仅和我们一起在院子里劳动，每次来他都带上衣服、米面、茶叶、糖果等生活物资来看我们，就是自己的亲戚也不一定待我们这样好。"

周立新不仅仅在物质上帮他们脱贫致富，还在精神上、思想上教育和引导他们听党话、感党恩、跟党走，在乌尔曼别克·铁吾克哈孜家的"感恩墙"上，记述着一串串"共产党好、社会主义好、改革开放好、伟大祖国好、各族人民大团结好！"的故事与心声。

"物质扶贫和精神扶贫要齐抓并进，要不断激发贫困群众的内生动力和主体意识，要通过一定的形式进行宣传、教育和引导。比如，贫困户家家都有一块'感恩墙'，户户都有一个享受扶贫政策和计算收入'明白账'的'小红本'，让贫困群众知道是党的脱贫攻坚好政策、是习近平总书记对广大贫困群众的牵挂和关心、是各级党委政府的正确领导、是大家的共同努力，我们的贫困群众才过上了好日子，共产党才是我们广大贫困群众脱贫致富的引路人。"周立新说。

争做新时代的焦裕禄

面对建档立卡最后确认的 6238 户 23883 名贫困群众，尤其是"西部三乡"重度贫困区域，他食不甘味、夜难成眠，跑遍了所有的乡镇、村队、片区，与贫困群众面对面、心贴心的座谈交流、问计于民，精准掌握致贫原因、短板不足，第一时间召开全县扶贫开发攻坚大会，围绕习近平总书记提出的精准扶贫精准脱贫新要求、新战略，打响了一场前所未有的脱贫攻坚战，形成脱贫有时间表、攻坚有路线图、到村入户有责任人，贫困村的村头是他的办公室，乡亲们的炕头是他的办公桌，坚持赴乡村一线实地调研、实地指导、实地督促，特别是针对自治区级 30 个重点贫困村，每年数次去了解情况、解剖麻雀，帮助制定精准脱贫措施。

套苏布台村的老百姓说，周书记始终把套苏布台村当作自己的家，时时刻刻惦记着贫困群众，关注着村里的稳定和社会事业发展。其实，周立新的心里装着的"家"，岂止又是套苏布台一个贫困村，他装着的是尼勒克县的"大家"，19 万各族群众的疾苦已经定格在他的内心深处。

2015 年，周立新走进中央党校县委书记研修班学习。中央党校专门为县委书记研修班的学员们播放了 1 月 12 日习近平总书记在人民大会堂同 200 余名中央党校第一期县委书记研修班学员畅谈交流"县委书记经"的实况场景。总书记指出，县委是我们党执政兴国的"一线指挥部"，县委书记就是"一线总指挥"。做县委书记就要做焦裕禄式的县委书记，始终做到心中有党、心中有民、心中有责、心中有戒。聆听了总书记的讲话，他更加严格要求自己，一定要像焦裕禄那样，做一个亲民爱民为民的好书记。于是，周立新深研细读习近平《做焦裕禄式的县委书记》一书，从中吸取精华、吸收营养，并要求自己一定要在实际工作和生活中，按照总书记阐述的那样做好一名县委书记。

县委书记是一"家"之长，因为有了这样一个"家"，才会有各族人民群众深沉的牵挂；也因为有了各族人民群众，一个政党的生命才不会因无根而枯萎，我们的党才会在人民群众中熠熠生辉。

然而许许多多的县委书记为了这个"家"，却顾不了属于自己那一个温馨的家，周立新就是这样。他的爱人张萍一直在伊犁州公安系统工作，直到2019年，因为身体不适应繁重的工作需要，家中也没人照应，组织上才批准她提前退休，他的儿子也身处异地工作，三人各守一方，很少有团聚的机会。小孙子出生都快一岁了，他却因繁忙的工作而未能看望一下。"对这个家庭来说，他尽到的责任太少了，但是我们家里人都能理解他，毕竟职责所在。"张萍说。

2015年5月，周立新父亲因患肝癌住院治疗，老人家是上海调干进疆的老党员，既有觉悟，又通情达理。他常说："儿子是共产党的书记，想着的是大家的事情，自古忠孝不能两全，他不在我身边陪护，我都能理解他。"老人家临终前，就想和儿子说句话，周立新接到家父病危的消息时，他还在中央党校县委书记班学习，当他回到父亲的身边，76岁的老父亲已经离开了这个世界，周立新在一把把愧疚的泪水中安葬了父亲，匆匆忙忙又回北京在中央党校继续进行为期两个月的学习。

父亲走了，丢下了现已82岁高龄的母亲。为了支持丈夫在尼勒克县安安心心的工作，爱人张萍不埋怨、不叫苦、不说累主动承担起照顾婆婆的任务。

这两年，正是打赢脱贫攻坚战最吃劲的时候，根本没有闲暇的时间，可越是这样，家里的事情越是接连不断。82岁的岳父已经抱病卧床两三年了，虽经医治效果还是不明显，周立新是大女婿，确因忙于脱贫攻坚工作，很少有时间来探望。2019 年 6 月的一天，岳父因病危送进了州友谊医院 ICU 病房，周立新接到爱人的电话后，从村里连夜赶到伊宁市，可还是晚了，岳父从 ICU 病房推出来的时候已经走了，没有一句埋怨女婿的话，没有听到爱人责备他的声音，一切都是那样的无声无息。再坚强的男子汉，四年多的时间，连续失去了两位亲人，揉碎了的心也只能自己隐忍，他毕竟是共产党的县委书记啊！他不坚强，谁还能坚强呢？

打赢脱贫攻坚战的这几年里，为了这场战役的胜利，为了帮助贫困群众脱贫致富和追求美好生活，他心中始终装着党、装着各族群众、装着一个县委书记所崇尚的事业、装着责任和戒律，他呕心沥血，操碎了心。他是一位人民爱戴的县委书记，也是一位饱含家国情怀的共产党员，更是一位有情有义的男子汉，因为他的优秀，不仅来自老百姓对他的认可，还出自于父辈们以及家人对他的理解与支持。

周立新在以焦裕禄为榜样的同时，他勇于创新、敢于担当，务实勤勉、敬业有为，时刻要求自己解群众之所难，以廉正身，守住清白，坚持把脚印留在乡间的小路上，把口碑留在老百姓的心里面。

"发展要有决心、对群众要用真心、干事业要有信心、处理问题要有公心，只要拿真心对待群众，群众就会理解你、支持你。"周立新和班子成员谈话时总是这样的要求。

"三抓"抓出新辉煌

几年如一日，周立新在与各族群众的日常唠嗑中，把脉问诊，对症下药，处理了一个又一个尖锐问题，化解了一项又一项矛盾。

"打赢脱贫攻坚战，要坚持'到人、管用、有效'的方法，突出抓思想、抓产业、抓民生，切实做到因地制宜、因户施策，才能确保脱贫攻坚各项措施得到落实。"周立新说。

几年来，周立新的足迹踏遍了尼勒克县一万多平方公里内的每一个村庄和牧场，在他的带领下，县委一班人坚持聚焦维护社会稳定总目标，围绕打赢脱贫攻坚战，突出"三抓"。

抓思想，开展精神扶贫。面对各族干部脱贫攻坚信心不足，贫困群众存有"等靠要"思想的现实，深刻领会习近平总书记提倡的"扶贫先要扶志"等重要论述，及时召开县乡村三级扶贫开发动员大会，压实责任、转变认识、树立信心、激发干劲，让各级干部真心实意帮助贫困群众精准脱贫；尤其是通过集中组织贫困对象外出观摩学习、脱贫致富人物讲好先进事迹、新闻媒体宣传好党的惠民政策，唤起贫困群众自我脱贫的斗志和决心。创新开展周一升国旗宣讲、农牧民夜校宣讲、干部入户住户宣讲，算清"感恩账、政策账、经济账"，其本人以身作则、作出示范，累计深入村队开展宣讲百余场次，让各族群众坚定不移地"感党恩、听党话、跟党走"，用勤劳的双手创造幸福生活，国家第三方评估组对尼勒克县各族群众感恩意识浓厚给予高度赞扬。

抓产业，促进增收脱贫。面对县域产业结构单一、自身发展薄弱这一现状，坚持对症下药、靶向治疗，立足优越的农牧业资源、光热资源、水资源，科学优化东中西产业发展定位，制定农牧业产业、旅游产业、电商产业、光伏产业、劳务产业等发展计划，形成以中药材、树上干杏和"牛、马、蜂、鸽、鸡、鱼"等为主的特色种养业，多点培育极具民族特色的"农家村""牧家村""渔家村"等特色旅游，产业发展助推贫困农牧民变渔民、变蜂农、变工人，呈现"一乡一业、多村一品"格局，30 个贫困村集体收入均达到 5万元以上。他亲自与企业对接洽谈、亲自研究方案，引进天蕴公司、中立腾辉，建成全国第二大淡水三文鱼养殖基地、四个村级光伏电站，如喀拉苏乡 609 户贫困群众组建全赢合作社，与天蕴公司合作成立鱼水情公司，贫困群众 1 万元入股变 3 万元股金，每年每户分红 3000 元。创新推广"155111"庭院增收致富工程，让贫困群众发展牛羊育肥拓宽收入渠道、种植果树、蔬菜转变生产生活方式，通过一增一变实现致富，并搭建县乡村三级电商服务站，助推农副产品营销。把劳动力转移作为脱贫致富的有效途径，大力开展职业技能培训，使每个贫困劳动力掌握1至2门致富技术，推进"四个一批"转移就业工程，实现贫困劳动力转移就业8413人，做到就业一人、脱贫一户。

抓民生，提升脱贫质量。面对水电路气等公共基础设施严重滞后的现实情况，让他深深感到民生事业仍然点多、面广、线长。五年整合"八项资金"44.83亿元实施农村基础设施建设，为5828户贫困群众建成"两居房"，完成956公里农村道路和75所行政村标准化卫生室，实行贫困人口就医看病先诊疗后付费、报销比例提高了5个百分点，极大改善了公共服务条件。上任伊始，他到科蒙乡调研发现老百姓依然用大缸小缸蓄水且吃水不正常、不安全，通过实地调研提出利用吉林台水库解决群众安全饮水问题，亲自谋划部署、亲自审核方案、亲自督促落实，积极争取项目资金，推动工程建设，历时5年建成投资3亿余元的中部集中供水工程，让8个乡镇26个村7.8万人喝上安全水。长期在基层一线工作，让他深刻认识到边远地区干部群众的文化素质高低直接影响着稳定发展改革成效、农牧民增收致富，全县人口小学文化占46%，让孩子有学上对改变一个家庭的命运至关重要，他常讲"再穷不能穷教育、再苦不能苦孩子"，所以只要有资金就投入教育、只要有项目就安排教育，5年筹资8.2亿元高标准建成全疆一流的高中、初中和小学，新增校舍面积21.5万平方米，较5年前翻了一番，一口气建设84所双语幼儿园，实现村村都有幼儿园，2015年尼勒克县义务教育标准化建设和义务教育均衡发展顺利通过国家验收。每年县财政拿出300万余元实施高中阶段免费教育，5年累计为7047名贫困家庭学生发放助学金1306.87万元，做到"应助尽助"，阻断贫困代际传递。

在这片充满希望的大地上，周立新和全县党员干部以信念为笔、责任为墨、事业为纸，用有力的行动书写了让各族人民群众满意的答卷，在他的带领下，各级党员干部群众积极投身于脱贫攻坚战役，如今 5939 户 22853 人实现脱贫、30 个贫困村达标退出，贫困发生率降至 0.81%，贫困程度大大缓解、贫困人口显著减少、乡村面貌明显改善。

八年来，他亲自率队学习外省区脱贫攻坚工作经验，多次赴发达地区和科研部门等邀请专家把脉会诊，无数次的坐在老百姓的炕头上了解脱贫致富的想法和意愿，不知多少回走进田间地头察看庄稼的长势。

踩着脚下泥土的芳香，心中回荡着对贫困群众的片片真情。周立新就是这样，他以一个共产党员的无比忠诚，用自己的脚步丈量着尼勒克这片挥洒着八年汗水的热土，用自己的实际行动践行着一个县委书记的初心与使命。

（八）昔日贫困户　今日副村长

居玛别克·巴扎尔别克，是尼勒克县喀拉苏乡大喀拉苏村从父辈开始就因病致贫的贫困户。到他这一辈通过自己自强、努力、踏实、勤干成功地摆脱了贫困。从他的脱贫历程，我们可以看到一个勤劳实干的小伙儿怎样由贫困一步步走向成功，可以看到他脱贫后不忘乡亲，带领乡亲同致富，可以看到他积极上进，由一名贫困户成为脱贫户继而又成为群众领路人的一段传奇的经历。

居玛别克的父亲在他们 3 岁时去世，母亲一人拉扯他们兄弟姐妹 5 人，由于当时他们都很小，家中又没了顶梁柱，生活一下变得贫困起来。屋漏偏逢连阴雨，没多久他们的母亲也得了重病，巨额的医疗开支使本就贫困的家庭更是雪上加霜，家里能变卖的家当全卖完了，没有工作、没有资金来源，加之没有一技之长，他们只能靠出苦力勉强度日，贫困的帽子就这样沉重地压在了这个家庭的身上。

靠苦干实干摆脱贫困

由于没有一技之长，1996年至2012年居玛别克靠卖苦力养活一家人，2012年乡里成立了合作社后，他成为阿勒哈合作社的一员，在村委会的支持与帮助下从信用社贷款6.5万元，利用冬闲发展牛羊育肥，同时承包土地开展低产田农田改造，发展种植，每年都积极参加乡村组织的各类培训班，学习科学技术，解放思想，通过技能学习拿到了建筑大工证书，带领10余人的包工队承包了乡村房屋建筑活，不但自己致富还带领大家一同增加收入。他的妻子通过乡里的柯赛绣培训，也已成为该乡蒙玛拉柯赛绣合作社的一名成员，提高了家里收入，改善了生活条件。2015年为了努力实现脱贫，他给自己制定了脱贫计划，从事大工纯收入1.1万元，育肥牛羊收入4000元，爱人从事柯赛绣收入1000元，发展庭院经济纯收入3000元，种植水田纯收入2400元。2015年底，通过他的努力，脱贫计划全部实现，他的家庭人均纯收入达到了5100元，成功实现脱贫。

好日子源于党的好政策

每次提到居玛别克现在的好日子，除了自己的努力实干外，也离不开党和政府的好政策。通过对国家政策的了解，他家先后享受了2013年政府发放的优质奶牛，并从信用社贷款6.5万元，发展牛羊育肥。2013年盖抗震房政府2.2万元补助资金。2015年政府庭院经济鼓励基金3000元。同时，尼勒克县在已实施5年免费高中教育基础上，率先实现15年免费教育和学前3年免费双语教育，着力提升国家义务教育均衡发展成果，持续实施困难幼儿、寄宿生和大中专生"三个补助"惠民政策，坚决阻止贫困代际传递。惠民好政策让全县广大农牧民得实惠，居玛别克的两个孩子都赶上了免费教育的好政策，再也不用像父辈小时候那样受苦。"一对一""多帮一"的社会帮扶机制，让全面小康道路上一个贫困群众都不掉队。"一对一"帮扶居玛别克的是乡政府计生干部程慧敏，程姐是一位非常和蔼可亲的大姐，作为一名汉族大姐，不分民族，将居玛别克当成自己的亲人、兄弟般的长期帮扶、帮助。在对口联系居玛别克家的近十年里，每次来到他们家都不忘将党的各项惠民政策及时传递并讲解给他们，一直鼓励居玛别克一家要学习本领，增长才干，只要靠自己的双手努力实干，就一定能过上好日子。而在居玛别克身上体现出的党的好政策正是全县广大贫困群众享受政策的一个缩影。

用感恩的心带领贫困群众奔小康

居玛别克对现在的生活很满意，他不忘党和政府的优惠政策，不忘基层干部的真心引领，不忘各族好心人的关心，为了让更多的贫困群众转变思想，真心实干，他还积极配合政府当一名义务宣讲员，通过自己的经历，让更多的人知道，在脱贫攻坚的道路上，党和政府

有很多好的政策，只要大家肯干，就一定能够实现脱贫，过上好日子。2016年底，居玛别克给我们带来了好消息，由于群众信任，公众推选，他已成为他所生活的大喀拉苏村的一名副村长，

居玛别克和妻子在做西红柿酱

居玛别克和妻子在自家的庭院里

他将继续发挥自己的才能智慧和勤劳实干，带领更多的群众，在脱贫奔小康的道路上努力前行。

（九）江苏武进：援疆情怀撒满尼勒克

援疆，这是一场声势浩大的国家行动，是体现中国特色社会主义的具体实践，是引领新疆各族人民群众脱贫致富的强大动力。

因为援疆，走进尼勒克县的江苏武进人又多了一份责任；因为援疆，尼勒克县的和谐稳定与长治久安又多了一份能量；因为援疆，尼勒克县打赢脱贫攻坚战又多了一份力量；因为援疆，尼勒克县全面建成小康社会又多了一份自信。

江苏省常州市武进区援疆工作组把尼勒克县脱贫攻坚作为对口援疆的重中之重，集中援疆力量，突出产业援疆，强化精准扶贫。

尼勒克县充分利用对口援疆优势，统筹推进援疆工作向精准扶贫倾斜、向基层倾斜、向民生倾斜，突出重点、明确目标任务，倾力打造"微项目给力大民生、散分布助力聚民心、广交融聚力总目标"的武进援疆特色。

几年来，投入援疆资金总量达 3.9 亿元、拉动地方投资近 13 亿元，项目、产业、文化、人才和"双百双千"等对口援建工程已经成为尼勒克县各族群众的"连心工程"和"致富工程"。

产业援疆为脱贫攻坚撑起一片蓝天

产业援疆是江苏武进对口援尼的重头戏，他们积极完善产业援疆规划，筹划布局产业援疆项目，优化产业援疆工作机制，有序引导武进产业援疆的梯度转移。

近年来，武进援疆工作组将援疆重点放在民生和产业上，民生类项目主要是投资建设学校、富民安居和对贫困大学生补助；产业类主要是援建民生产业园标准厂房，民生和产业类项目投入资金占援疆资金的87.9%。

2017年是新疆伊犁州尼勒克县脱贫摘帽的决胜之年。武进第九批援疆工作组把尼勒克县脱贫攻坚作为工作的重中之重，共规划建设6大类14个项目，民生类项目主要是投资建设学校、富民安居和对贫困大学生补助，民生类项目投入资金占今年援疆资金的81.9%。尤其是在产业扶贫方面，工作组积极引进武进凤凰国际旅行社落户尼勒克，填补了当地没有旅行社的空白。出台"十万江苏人游伊犁"旅游奖补政策，开展"千人原疆行"旅游活动，组织内地爱心人士赴尼勒克旅游团爱心助学活动。仅2017年先后组织两批80余人次游学活动，捐款4万多元、捐赠书籍2000余册，实现了旅游与扶贫的有机结合。同时，积极组织推介活动，同时还开展了"甜蜜尼勒克·大美唐布拉"旅游产业暨招商项目推介会等系列活动，组织了15批次50多位客商到尼勒克实地考察。目前已签约项目10个，总投资12.6亿元，江苏华大"集成房屋建设"、香樟大道电子商务公司等7个项目落地。工作组于2017年专门投入资金403万元开展人才培训工作，通过智力援疆，将更多的武进做法传授给尼勒克，为脱贫攻坚注入新的动力。

2018年，在武进第九批援疆工作组的牵线下，常州蒋凤记食品有限公司决定入驻尼勒克，开启新一轮的创业旅程，借力当地优质的牛马羊肉原料，采取"农牧民＋合作社＋公司"的经营方式及互联网销售模式，对当地的优质农畜产品进行深加工，同时加大对尼勒克蜂蜜、干果等特色农产品的推广。"尼勒克地处伊犁州，是旅游胜地，但包装类产品极少，不能很好满足游客购物需求。我们将就地取材、就地销售，这是我们的发展方向。"谢太荣说，品质化生产加市场空白，对于企业的未来发展来说空间广阔。

随着第一条生产线的建成投用，伊犁蒋凤记计划投资2000万

2017 年 4 月 22 日，武进区部分乡镇及机关、企业到尼勒克开展"万人帮万户，同奔小康路"，捐赠资金 90 万元

元，整合尼勒克更多的优质农产品资源，打造 1 至 2 个网红单品，让尼勒克更多的优质农副产品走出天山，走向全国，为产业扶贫拓展空间。

2019 年 6 月 22 日，伊犁蒋凤记食品有限责任公司正式开门迎客，这家武进第九批援疆工作组引进的常州企业，仅 3 个月的时间便完成注册并顺利开业。"符合总公司发展目标、契合尼勒克本地特色，今年预计销售 100 吨，先期可以解决地方就业 40 人。"伊犁蒋凤记食品有限责任公司总经理谢太荣说。

伊犁蒋凤记是武进援疆工作组坚持产业招引的一个缩影，乌赞堂中药饮片、爱斯妮服饰、新疆申岳牧业等企业也在尼勒克生根开花。

"招引更多企业来到尼勒克，让更多企业扎根尼勒克，通过产业扶持带动脱贫攻坚和经济的提速，这是武进援疆人的工作方向。"尼勒克县文旅局、商工局局长助理，武进援疆干部陈黎明说。

不仅要招引产业，更要壮大现有企业。尼勒克县恒丰菌业有限责任公司便得到了武进援疆工作组的扶持。

回族群众秦江莲已经在恒丰菌业种植菌菇数月，不仅现场学习种植技术，还在老家科蒙乡种上了2万个香菇菌棒。6月是香菇采摘季，她一边忙着拜师学艺，一边在家实践，"按照去年1个菌棒能卖出香菇10元的标准，加上我每个月打工的钱，今年的纯收入能够突破6万元。"秦江莲说。

尼勒克县恒丰菌业有限责任公司是武进援疆工作组从河南引进的一家企业，起初，企业自己种植，第一年仅种植了3万个菌棒。得益于武进援疆工作组的资金扶持，企业采取"公司+基地+农户"的方式，农牧民种植的菌棒由公司托底销售，前来就业的农牧民保底工资也突破了3000元/月。恒丰菌业总经理庞书棋告诉记者，今年，恒丰菌业已经发展了102个温室大棚，培育的菌棒突破了30万个。公司在苏布台乡、科蒙乡、马场等地培训贫困农牧民就近开展香菇种植，可带动近200户当地贫困农牧民增收致富。

随着江苏华虹新能源有限公司、新疆申岳牧业等企业的入驻，尼勒克县脱贫攻坚的"造血"功能逐渐增强。

如今，武进正为尼勒克量身定制全域旅游规划。"尼勒克县是'天山精神'的源头，一座乔尔玛让尼勒克闻名全国，借助尼勒克的红色基因丰富旅游资源，我们将在这里架起经济发展的新桥梁。"陈黎明说。

武进人点燃尼勒克贫困农牧民创业脱贫梦

近年来，武进援疆工作组把创业作为带动就业、增加农牧民收入、壮大县域经济的一项重要工作来抓，通过有效搭建创业就业平台，实现"输出一人、致富一家、创业一户、带动一方"的良好局面。2018年，在通过江苏省常州市武进区援疆项目资金2000万元的帮扶支持下，加尔托干村新建了创业园，作为该村实施乡村振兴战略中的缩影，各族群众的生产生活条件得到了质的改变，获得感满意度也在逐年提升。

走进尼勒克县喀拉苏乡加尔托干村，完善的基础设施建设，优美的田园风光映入眼帘，而作为村里依托援疆项目资金帮扶新建并投入使用的创业园，更是受到全村各族群众的欢迎，日用品超市、皮制品加工合作社、柯赛绣绣品、理发店等店面极大满足了全村群众的日常生活需求。

今年，该村还依托创业园成立了以皮制品加工、柯赛绣为主的专业合作社，并通过吸纳贫困群众入园务工帮助其实现增收。如今，皮制品加工合作社生产的羊皮制品不仅打开了疆内外市场，同时还远销哈萨克斯坦等国家，可观的收入让合作社负责人阿丽玛汗·加合旦不仅对今后的发展充满了希望，同时对于在合作社务工的妇女来说也实现了顾家赚钱两不误。

喀拉苏乡加尔托干村皮制品加工合作社负责人阿丽玛汗·加合旦说："在这里工作的有 12 个贫困群众家庭，我们制作的产品有服装、地毯、汽车坐垫等，产品远销阿勒泰、乌鲁木齐、哈萨克斯坦等地区和国家，我们的订单非常的多，一年的收入有 20 余万元，感谢党和政府对我们的支持。"

239 名"牧马人"走进江南水乡

就业是民生之本、稳定之基。如何帮助尼勒克县打好脱贫攻坚战？2018 年，江苏省常州市武进区把加快推进尼勒克县农村富余劳动力转移就业作为一项事关尼勒克县稳定发展全局的主要任务，确保转移就业"无缝、无距、无碍、无忧"，促成尼勒克县 239 名农村富余劳动力赴内地就业，实现了地方减负、群众增收、企业发展的"三赢"局面。

2017年，尼勒克县委副书记、武进援疆工作组组长薛建忠和工作组干部，每次都利用回内地参会、休假的机会，顾不上休息和探亲访友，四处奔走，积极与常州市、武进区相关企业建立协作关系，实地考察准确掌握企业情况、筹集就业岗位、摸清用工需求底数；回到尼勒克县后又会同县人社局等相关部门，梳理各乡（镇）场富余劳动力资源和就业需求，摸排出可转移劳动力680余名。工作组牵头，主动与两地政府、人社局等部门衔接，统筹协调双方对接合作，有力地促进了劳动力转移工作有序推进。

2018年4月，杏花开满枝头。一场"春风行动，送岗援疆"劳动力现场招聘会，搅热了农牧民的心。武进区政府办、人社局、公安局等部门带领常州今创集团、武进凯迪电子等12家企业来到伊犁，走进尼勒克。这场招聘会为尼勒克县的富余劳动力提供了20余个工种500余个岗位。各乡（镇）场组织了450余名年轻人和壮劳力参加应聘，现场达成劳动力转移意向57人。一个月后，经过县、镇、村三级层层筛选，最终确定50名劳动力赴武进，集中在今创集团就业。

薛建忠和工作组干部们悬着的心落下了。薛建忠说："协调组织用工企业上门招聘，使务工人员在家门口求职应聘，省去了东奔西走找工作的时间和开支，可以更好地便于和促进广大农牧民转移就业。"

首轮招聘告捷，工作组继续发挥援疆干部人才桥梁纽带作用，与后方相关单位、企业沟通联系，广泛收集用工需求，及时通过县人社局向待业群众发布信息，让待业人员及时了解企业信息和招聘方向，做好应聘准备，储备工作技能；同时，委托县人社局继续代为企业初选、评估就业意向人选。随后相继收集和发布江苏丰润电器集团有限公司等7家内地劳动密集型企业用工信息，提供就业岗位1000余个，满足不同层次农牧民的就业需求，进一步提高就业率；直至8月中旬，工作组成功助力当地向江苏昆山立讯电子、湖北仙桃康舒电子分别转移劳动力63人和126人。

这样，尼勒克县的 239 名贫困农牧民成为这一场"春风行动，送岗援疆"的丰实成果，他们甩掉了羊鞭，走进了江南水乡，走进了工厂。

不仅要疏通渠道、转移就业，更重要的是要做好就业技能培训工作。工作组已投入援疆资金 129 万元，先后开办赴武进职业技能培训班、乡镇夜校培训班等促进就业和专业技能提升培训班 11 个，覆盖全县 30 个贫困村，培训贫困劳动力超 15000 人，有力地提升了当地劳动力对国家政策的知晓率、基本就业技能和国家通用语言文字水平，为已经就业和有待于转移的贫困劳动力就业脱贫打下良好基础。

今创集团为尼勒克务工人员安排了涂装、装配等工艺简单且劳动强度相对较小的工种，在老员工手把手、点对点的教授下，大部分务工人员很快熟悉业务、胜任岗位。经培训上岗后，每人月平均工资达 4500 元。

为了确保尼勒克县劳动力能安下心、定下身、扎下根进行务工，持续推动全县城乡富余劳动力转移工作健康稳定发展，武进援疆工作组会同尼勒克县主要领导和分管领导采取定期走访慰问、强化管理服务、改善生活环境等多项措施，关心关爱尼勒克县转移就业人员。

"2018 年先后 4 次赴武进、昆山等地慰问务工人员。"干部承文明介绍说。

工作组在今创集团挂牌成立尼勒克县驻武进区转移就业管理服务站，尼勒克县专门选派 3 名专职人员配合武进当地管理部门共同做好管理和服务保障工作，通过"一站式"转移就业服务模式，使贫困劳动力转移就业从组织输出到定期回访、从对企定岗到待遇落实等方面都实现了有机统一。

"我们要继续加大农村富余劳动力转移就业力度，实现家家有门路、人人有事干、月月有收入，帮助尼勒克县进一步拓宽就业渠道，协调内地相关企业最大限度吸纳新疆籍务工人员，确保尼勒克县转移就业的贫困农牧民在常州等地安心安全务工，释放援疆效应和扶贫效益，普惠当地群众。"薛建忠说。

"小爱心"融汇"大团结"

江苏武进与尼勒克县积极开展援疆结对帮扶，通过资源开发、产业培育、市场开拓、村企共建等多种形式开展"携手奔小康"活动。引导江苏武进社会团体、商会、基金会等各类组织在尼勒克县开展扶贫、慈善活动。依托互联网、社交媒体等载体吸引更多力量参与尼勒克县的脱贫攻坚。

"我们尼勒克，跟武进就是一家人！"这句话常被尼勒克人挂在嘴边。

这一切，得益于武进着力开展的"同心关爱、同愿互助、同奔小康"特色援疆工程的大力实施。

随着"同心关爱、同愿互助、同奔小康"活动的持续推进，万人帮万户扶贫结对达 1150 户。

党政机关（乡镇、街道、开发区等）友好结对 114 家，30 多个机关部门近 300 人来尼结对交流，捐款捐物达 268 万元。

薛建忠还要求，要围绕贫困村结对全覆盖、劳动力转移就业、食品深加工等劳动密集型企业引进、江苏游客导入等，谋划思路举措，推动更广领域的结对合作。同时，以极引导企事业单位、社会各界爱心人士等，全方位开展扶贫结对，把结对共建抓实、抓深、抓出成效。

武进第九批援疆工作组多层次、多形式开展援疆扶贫、结对共建活动，助力受援地实现精准脱贫。2017 年 7 月，武进党政代表团史志军一行来尼开展党政交流，召开座谈会，共谋发展大计，捐助援疆扶贫资金 600 万元，推动开展了贫困村退出攻坚、创业就业促进、同心同愿帮困等脱贫攻坚"十大行动"。

在"万人帮万户，同奔小康路"活动中，武进区 89 家党政机关、1000 余人、捐助资金 108 万元，助力尼勒克 1000 余贫困户脱贫。

先后开展了 150 户爱心家庭结对帮扶、尼武两地 32 名学生"携手假日，爱心暖阳"主题夏令营等系列帮扶结对活动。

邀请规划设计、产品研发、农副产品加工、旅游、电商、物流等企业 70 余家、35 批、120 余位客商赴尼勒克考察交流，达成项目意向 11 个，4 家企业注册入户，更多企业开始市场调查。

先后 7 批 25 人的"教育名师团"来尼送培送教、校际结对，举办讲座近 40 场。先后 5 批 21 名医疗专家来尼开展对口医疗援疆，开展学术讲座、手把手帮带培训等。

先后举办脱贫攻坚专题培训班、尼勒克三级干部赴武进培训班、大学生网络创业培训班等 22 个培训项目，不断加深前后方单位、各类人才间的沟通、合作与交流。

自 2017 年 7 月起，结合"千人原疆行"旅游活动，宣传援疆事迹、展示援建成果，开展爱心活动，收到捐款近 10 万元，来尼旅游人次达 4000 余人。

随后，爱心不断发酵，50 万元医疗器械、5 批次共 88600 余册图书、爱心协会和爱心人士 99000 元助学资金、3 批次 67 箱衣物、价值超过 1 万元爱心玩具，以及捐赠轮椅、书包、足球等，爱心接连不断，此起彼伏。

援疆工作组累计结亲 54 户，通过拜访、入驻等形式，开展节日慰问、扶贫帮困、结亲住户等，赠送生产生活物资、慰问金超过 60000 元。

同时，援疆干部为"8·9"地震受灾最严重的加尔托汗村捐款 3 万元，以实际行动推动援疆结对扶贫，维护民族团结。

薛建忠是尼勒克县委副书记，也是武进援尼工作组组长，来到尼勒克县开展援疆后，他和其他援疆干部主动认领了对口帮扶扶贫户。薛建忠在苏布台乡博尔博松村承担了两户贫困户的脱贫任务，并结对

2018 年 12 月 14 日，武进援疆工作组在喀拉苏中心学校举行"同心同愿、同奔小康"特色援疆资金发放仪式

认亲一户民族团结一家亲联系户。自 3 月份以来，他每个月都深入贫困户家开展帮扶活动，组织村里年轻人开展技能培训，邀请了常州市企业家赞助博尔博松村 10 万元扶贫资金，他还个人自掏腰包购买了鸡苗、蔬菜种子等，为贫困户发展庭院经济。

村民吾木尔别克·玛提库尔曼就是薛建忠的帮扶户，在薛建忠的扶持和指导下，吾木尔别克在自家庭院里种满了 11 个品种的蔬菜，现在这些蔬菜陆续上市销售，除满足自家的需求外，还可收入 5000 多元。除此之外，吾木尔别克还在援疆资金等扶持下，建起了安居惠民房和棚圈，准备发展养殖业增加收入。吾木尔别克告诉记者，今年，他家的全部收入可达到 5 万元。

苏布台乡博尔博松村村民吾木尔别克·玛提库尔曼说："在政府的大力支持下给我盖了房子、羊圈，庭院经济比去年还要好很多，去年卖了 3000 元的菜，今年预计可以卖到 5000 元，在薛书记的帮助和

武尼两地 32 名学生携手开展爱心结对夏令营活动

细心指导下能达到这个程度，我们有了自己的房子，冬天从事养殖，夏天从事庭院经济，感谢党和政府。"

"整体来讲这个三户人家现在这个脱贫攻坚各项措施，包括庭院经济，就地就业，这个外出打工，都进展比较顺利，收入状况也是比较稳定，那么三户人家这个精气神也比较饱满，都有信心，有决心，在今年脱掉这个贫困户的帽子。"薛建忠说。

2017 年，武进援尼工作组规划建设 6 大类 14 个项目，其中民生和产业类项目投入资金占全年援疆资金的 87.9%，主要投建学校、富民安居工程和贫困大学生补助，产业类主要援建民生产业园标准厂房，项目建成后可促进富余劳动力就业增收和电商业的发展。年内投入援疆资金 403 万元开展人才培训工作，培训人次超过万余名，援尼工作组成员累计结亲 54 户，帮助结亲户就业创业增收脱贫，全力以赴助推尼勒克县打赢脱贫攻坚战。

"我们会继续按照我们援疆工作的指导方针以及第六次全国援疆

工作会议，进一步聚焦脱贫攻坚，聚焦民生，聚焦基层，这个把有限的援疆资金用在刀刃上，着力在帮助尼勒克县脱贫摘帽，提供我们援疆工作应有的支持。"尼勒克县委副书记、武进援尼指挥部工作组组长薛建忠说。

今年以来，武进援尼工作组充分利用"同心同愿、同奔小康"特色援疆活动平台，紧紧围绕"把对口援疆工作打造成加强民族团结的工程"的要求，进一步深化武尼两地结对帮扶，动员整合社会力量参与"携手奔小康"工作，用"小爱心"融汇"大团结"，以"小援疆"凝聚"尼武情"。

教育援疆：实现贫困学生"微心愿"

深入推进教育援疆。坚持以思想政治教育、双语教育、职业教育为重点，全面提高教育水平。继续完善教育基础设施建设，支持受援地完成学校标准化建设达标工作。利用内地培训机构和高等院校资源，加大尼勒克县的人才培养培训力度。注重双语教师和特教教师培训，抓好各类教育管理人员和骨干教师培训，扩大江苏武进师范院校、师范生实习支教规模。

"感谢武进援疆爱心小分队的叔叔阿姨们，满足了我的心愿，让妈妈有了过冬的衣服，谢谢你们！"盼社是尼勒克县喀拉苏乡中心学校的一名学生。几年前的一次意外，他失去了父亲，也失去了家庭经济来源。从此，盼社与身患残疾的妈妈相依为命、靠政府救助艰难度日。盼社是一个孝顺的孩子。冬天到了，看着妈妈依然穿着破旧的衣服，很是心疼，希望妈妈在这个冬天有一件新衣服。而且，他还暗下决心，一定要努力学习，让妈妈过上幸福的生活。

2018年12月14日，武进援疆爱心小分队严超、吕海荣等6名成员走进喀拉苏乡中心学校，开展爱心帮扶活动，帮助盼社圆了心愿。除盼社外，在活动中，爱心小分队还按照喀拉苏乡中心学校其他 9 名困难家庭学生的"微心愿",在这个冬天,给他们送去了羽绒服、书包、文具、鞋子等物品,让孩子们感受到了祖国大家庭春天般的温暖。

据了解,"微心愿"活动只是武进援疆爱心小分队系列活动之一。这项活动,将每月帮助 10 名困难家庭学生圆梦"微心愿",让他们感受到党的关怀、激发感恩之心、更加发奋图强、长大回报社会。武进援疆爱心小分队由 38 名援疆干部人才组成,下设"社会、教育、医疗"爱心小分队。连日来,援疆干部人才积极开展捐款活动、主动奉献爱心,捐赠数额已达到 41100 元。同时,通过社会爱心人士捐赠等渠道,设立"爱心基金"。通过每月开展扶贫帮困、义诊送教、实现"微心愿"等活动,帮助尼勒克困难家庭渡过难关,缓解边远牧区群众就医难问题,为偏远山区孩子播种希望。

这一天,在尼勒克县副县长、武进援疆工作组副组长谢群丰带领下,爱心小分队一行 10 人,来到尼勒克县喀拉苏乡吐普辛村,举办

原疆馆开馆

"万人帮万户，同奔小康路"援疆帮扶资金发放仪式，为该村60户困难家庭捐助了6万元爱心帮扶资金。同时，受武进区星火爱心助学协会的委托，爱心小分队还专程赶到喀拉苏乡中心学校，给81名贫困学生捐助爱心助学金81万元。

（十）鲜花"装点"脱贫路

过去，新疆伊犁花店的鲜切花大多产自云南，通过空运进入伊犁市场，成本高，保鲜时间短，有些花即便是空运到了伊犁，也是失去了鲜艳的光泽，导致伊犁的鲜花市场发展滞后，无法适应广大消费者的需求。今年，尼勒克县马场在打赢脱贫攻坚战中，千方百计为贫困户脱贫想点子、找路子、挣票子，他们欲将马场打造成一个"鲜花盛开的村庄"，让鲜花种植成为农牧民走上脱贫致富道路的又一个新的产业。

"我们要将云南的鲜花在马场落户，为伊犁的鲜花市场提供花源，让花卉种植成为我们老百姓脱贫致富的一个新的产业。"尼勒克县委常委、常务副县长兼马场书记陶春雷说。

原来，马场通过与云南一家花卉公司合作，开辟占地30亩的鲜切花种植基地，第一批鲜切花已经于2019年9月中旬上市销售。

在位于马场设施农业基地的一座温室大棚中看到，正在修剪玫瑰的几个贫困劳动力已经成为熟练的农民工。

"近一个月，来自云南的花卉已平安度过缓苗期。"马场鲜切花种植基地负责人张万福说。

马场设施农业基地共有温室大棚304座，大多以种植蔬菜为主，由于近年效益不好，马场决定进行产业调整。经过考察，马场选定了鲜花种植。把种菜改为种花，投入大，效益如何群众心里没底。为此，马场决定由政府先摸着石头过河，这"石头"就是 50 座温室大棚的鲜切花种植基地。

"如果亏本，职工和打工的贫困户不会有任何损失；试种成功，就为大家提供了一条脱贫致富的新路子。"马场党工委纪检书记吴延敏说。

鲜切花种植基地采用与云南明珠花卉股份有限公司合作的方式，由云南明珠花卉股份有限公司提供种苗、种球和技术服务，并根据市场价格收购生产的鲜切花。"我们根据云南花市的行情进行了估算，50 座温室大棚的鲜切花利润可以达到 220 万元，平均每座温室大棚利润在 4 万多元，种植蔬菜的收入只有 1 万多元。"吴延敏说。

5 月中旬，来自云南的玫瑰、百合、洋桔梗、康乃馨、满天星、勿忘我、非洲菊等花卉在鲜切花种植基地落户。"48 个大棚种了约 180 万株花。向日葵的生长期较短，为了统一上市，2 个向日葵大棚晚一些再播种。"张万福说。

鲜花铺满脱贫路

　　除了提供种苗和种球，云南明珠花卉股份有限公司委派技术员前来进行技术服务。"云南和新疆的气候差异很大，目前来看，花卉的成活率在95%以上，长势良好，但后期还需要继续观察。"云南明珠花卉股份有限公司技术员刘树灿说。

　　花卉的日常管理需要大量劳动力，鲜切花种植基地作为扶贫项目，雇用的劳动力全部为尼勒克县建档立卡贫困户。"用工高峰期时，每天需要100多人。平时每天需要四五十人，每人每天工资为120元，工作时间8小时。超过8小时有加班费。"张万福说。

　　来自乌赞镇兰干买里村村民古哈尔尼沙·卡木力由于经营的化妆品店不景气，5月中旬来到这里打工。"在这里工作，每个月有3600元的工资，女儿上大学的学费和生活费就不愁了。"古哈尔尼沙说，在这里干一年，就可以学会基本的种植技术。明年，她准备承包一个大棚种鲜花。

　　"第一批鲜切花于9月上市后，可供应到11月中旬，明年我们会鼓励更多的贫困户入股分红，或者到我们的基地来进行专门的花卉种植培训后，让他们自己种植鲜花走上致富的路子。"张万福说。

鲜花盛开的尼勒克

鲜切花产业

（十一）"贝纳木"的神话

哈力买买提·努尔江是新疆尼勒克县苏布台乡的一个维吾尔族农民，过去由于生活贫困，他靠"打土坑馕"（在土坑里烤制的一种面饼，是维吾尔、哈萨克等民族的主食）维持家中生计。2014年，哈力买买提·努尔江开始用小麦粉加上土鸡蛋和牛奶制作"旱田馕"，口味独特，受到了当地人的欢迎。

苏布台旱田小麦产于干旱少雨、年降水量不足300毫米、坡度为25°—40°的丘陵旱地，小麦产量较低，但日照时间较长，小麦在生长过程中未喷施任何化学肥料和农药，磨制而成的旱田小麦粉不含任何添加剂，富含蛋白质、碳水化合物、维生素、钙、铁、磷、钾、镁等矿物质，是纯天然的绿色食品。"旱田馕"就是以苏布台乡品质极佳的"旱田面粉"为原料烤制的，再以维吾尔族传统制馕工艺进行烤制，香酥可口，水分少，久储不坏，便于携带，烤制这样的馕很受消费者的欢迎。自此，外销量不断上升，现日生产销售馕6000个，销往伊犁市周边及州外疆内。

依靠产业扶贫、就业增收是苏布台乡党委和乡人民政府打赢脱贫攻坚战的重要途径，为此，乡里积极扶持和帮助哈力买买提·努尔江成立了苏布台乡"贝纳木"馕合作社，由于合作社里并排立着15个馕坑，每天烤制上万个馕，又被当地人称为"馕工厂"。

为了提高"馕工厂"的知名度，已经是"贝纳木"馕加工专业合作社理事长的哈力买买提·努尔江创意烤制出了"天马馕""金鸡馕""葫芦馕"等艺术馕，并带到各地为自己的馕寻找销路。

2017年5月，在第七届乌鲁木齐国际食品餐饮博览会上，哈力买买提·努尔江的这些艺术馕终于崭露头角，受到了客商们的广泛关注。

更让哈力买买提·努尔江出乎意料的是,一位内地来乌鲁木齐的女士看到高和长都是80厘米左右的"金鸡馕"后想购买。哈力买买提·努尔江想这是对方在和他开玩笑,就随意开出了十万元的价格。

"当时我还以为她在跟我开玩笑,所以我给她报价十万元,她听了以后觉得价钱贵了就离开了,第二天她又来找我要我便宜点卖她,后面我们一起商量价格,从一万元涨到五万八千元之后我就把'金鸡馕'卖给了她,我们很高兴。"

在这一届的乌鲁木齐国际食品餐饮博览会上,"贝纳木"馕荣获"新疆馕王""新疆名馕""最受欢迎品牌"等称号。

在展览的几天里,"贝纳木"馕加工专业合作社理事长哈力买买提·努尔江在馕工厂的奖品和馕作品展示区,不停地给游客们讲述他和弟弟阿布都卡哈尔共同烤制的"金鸡馕""天马馕""骆驼馕"等艺术馕的故事。

就在"金鸡馕"拍出5.8万元的成交价并且完成交易之后,"天马馕"又被一个客商看中,客商出到8万元,这一次,哈力买买提·努尔江没有卖,因为他的心中藏着"贝纳木"的神话。

"这个馕是太阳一样的馕,馕一样的太阳,'贝纳木'的馕是我圆

金鸡馕

骆驼馕

圆的梦想，是我脱贫致富奔小康的希望。"哈力买买提·努尔江说。

或许"天马馕"拍 10 万元、20 万元的价，还有人要呢。是的，应该说，这已经不是原本可以吃饱肚子的那个"土坑馕"了，而是象征着一种食品文化与艺术。

"太美了，它叫人舍不得吃。""它漂亮得像艺术品一样。"博览会上参观的人们颇为惊叹。

"天马馕"作为一种食品，"烤馕大叔"所花的心思，可能也不是让人们拿去当作一种普通的主食吃掉算了，他想呈现给买家的自然是一种冲击力很强的"视觉艺术"，当然也是"食物艺术"，当一道美食"升华"为能够让人们欣赏的"艺术品"时，我们就会发现它的艺术价值之所在。

这里要说的题外话是，艺术是人们的一种精神上的追求与享受，对于好的"作品"，不是要吞噬它，而是要去欣赏他，这才是一个人

苏布台乡"贝纳木"馕打造产业一条街

精神世界与观赏艺术的体现，即使这个"作品"标注了价格，但艺术的本身却是无法用金钱衡量的。

如果从这一点上来讲，我们就不难理解哈力买买提·努尔江不情愿把"天马馕"以 8 万元的价格卖出去的缘故了。再说，这是哈力买买提·努尔江和他弟弟两人用 3 个馕坑，花费 18 天时间才烤制成功的。有人说，哈力买买提·努尔江都可以申请"吉尼斯世界纪录"了。

"烤馕大叔"火了！火得让人神奇，火得让人来不及去品尝他的"贝纳木"馕。

现在，"贝纳木"馕加工专业合作社已吸纳就业人数 38 人，其中贫困户 28 人。

"馕工厂"的馕除了在本地销售外，还远销到乌鲁木齐、克拉玛依以及深圳等地。

"以前我在伊犁打工挣钱，现在来'贝纳木'馕合作社打馕已经三年了，月工资在 5000 元以上，我原来在家一直没事干，受穷锅灶，过着穷日子，现在有那么高的收入，我很开心，感谢乡政府为我们'贝纳木'办了件大好事。"30 岁的孜克日亚·阿不都拉木说。

到"贝纳木"馕合作社参观的时候，一位叫努孜古丽的姑娘正在与她的同伴们一起制作着一个又一个的手工馕饼。在和她的寒暄中，可见她的喜悦之情溢于言表，她告诉我们，她在这里打工，去年一年就赚到 2.8 万元，在这里还可以轮班倒休息，节假日可以放假休息，去年"三·八"妇女节，老板还组织了业余活动，她同同伴们一起共同度过了妇女们自己的节日，现在她们也像工作人员一样上班，有事干、拿工资，告别了贫困，日子过得越来越好。

如今，"贝纳木"馕专业合作社已经迁入苏布台乡创业孵化园，可就近就地使 245 名贫困劳动力就业，直接带动辖区农牧民增收。

"为了发挥品牌效应，我们已经成立了'贝纳木'品牌为主系列的四款产品 13 个分类，包括'贝纳木'馕合作社、'贝纳木'鸽子养殖合作社、'贝纳木'树上干杏合作社，现在不管是劳动力就业以及

苏布台乡"贝纳木"馕产业孵化园

附加所有跟产业有关系的、能够挣上钱、能够致富的老百姓有 500 余人，年人均能够创收 1000 元左右。"苏布台乡党委委员、副乡长李冠辰说。

江苏武进援助尼勒克县产业组组长陈黎明介绍，7 月 1 日至 8 月 30 日，在位于常州武进区内的 5A 级中国春秋淹城旅游区将举办"尼勒克美食节"，届时，游客可以品尝到"贝纳木"馕。

"我们的每一次创新都是为了推动馕产业向前发展。目前，新疆黑蜂蜜馕特别畅销。我们打算依托唐布拉草原的中草药资源，开发更具营养价值的'贝纳木'馕。"哈力买买提·努尔江说。

未来篇

永远的初心

  2019 年，是新中国成立 70 周年具有重大历史意义的一年，翻开厚重的历史，我们这个拥有几千年灿烂文化的文明古国，几度兴盛，几度衰落。是从危难中走上历史舞台的中国共产党领导的无数仁人志士，拯救了灾难深重的国家，使我们的国家从苦难走向辉煌，从贫穷走向富强。在建设有中国特色社会主义的新时代里，初心和使命是激励中国共产党人不断前进的根本动力。

和着共和国奋进的脚步，尼勒克县委和县人民政府把"不忘初心、牢记使命"作为共产党人的庄严诺言和历史担当，把脱贫攻坚作为实现社会稳定和长治久安、全面建成小康社会的重中之重，创造性推动精准扶贫精准脱贫各项措施落地生根。始终坚持以人民为中心的理念，坚定心中的信仰，挺直信念的脊梁，破解困扰民生的一个又一个难题，他们用实际行动践行着共产党人的初心与使命。

　　在通往全面建成小康社会的道路上，尼勒克县委和县人民政府把脱贫"摘帽"作为新的起点，"摘帽"不丢"初心"，始终把人民群众

"不忘初心、牢记使命"主题教育

对美好生活的向往作为奋斗目标，带领全县各族干部群众向全面建成小康社会进军。

（一）摘帽"初心"不丢，坚守使命担当

习近平总书记反复强调："安民之道在于察其疾苦"。① 因此，实现社会稳定和长治久安的总目标，必须解决好贫困问题。打赢脱贫攻坚战，首要的一点，就是树牢"四个意识"，提高政治站位，坚定不移地贯彻以习近平同志为核心的党中央治疆方略；坚定不移地服从服务于社会稳定和长治久安总目标推进脱贫攻坚，以强大的政治定力，科学的工作态度，顽强的拼搏精神，精准的扶贫措施，严格的问责机制，举全县之力，全力实施《尼勒克县 2018—2020 年三年集中攻坚行动方案》，加快破解贫困乡村发展瓶颈制约，不断增强贫困乡村和贫困人口自我发展能力，确保尼勒克县与全疆、全国同步进入全面小康社会。

（二）围绕"续航"发力，巩固攻坚成果

稳定脱贫是一道更不容易过的坎，一些刚过贫困线的群众抗风险能力差，得一场病、遭一场灾、市场行情不好，很可能就会返贫。因此，习近平总书记郑重提醒："打赢脱贫攻坚战，不是轻轻松松一冲锋就能解决的，全党在思想上一定要深刻认识到这一点。"②"不忘初

---

① 《摆脱贫困》，福建人民出版社 1992 年版，第 12 页。
② 《十八大以来重要文献选编》下，中央文献出版社 2018 年版。

心、牢记使命"就是要永远保持中国共产党人的奋斗精神，永远保持永不懈怠的精神状态，永远保持一往无前的奋斗姿态。尼勒克县委和县人民政府将更加注重建立健全稳定脱贫长效机制，完善脱贫成果巩固，在提高脱贫质量上持续发力，坚持政策不变、措施不减、帮扶不断，将调整和完善脱贫攻坚工作思路，力促由脱贫摘帽向稳定脱贫与成果巩固提升相结合转变，在攻坚期内保持脱贫政策的延续性，确保脱贫成绩不缩水，脱贫成效不弱化。

（三）完善"路径"选择，强化政策保障

继续加大教育扶贫力度，全面落实义务教育及各项教育资助政策，保障贫困学生接受公平有质量的教育。继续加大健康扶贫力度，防止因病致贫返贫。持续开展免费健康体检，扎实开展贫困人口大病重病专项救治行动，推进县、乡、村三级医联体建设，配备乡村全科医生，做到小病不出乡、大病不出县，基本解决贫困群众看病难问题。继续加大基础设施建设力度，持续不断地改善生产生活条件。

要重点从基础设施建设、公共服务、财政税收、金融保险、资产收益、土地使用、人才支持、激励机制、就业创业、产业发展、易地扶贫搬迁、教育培训、医疗卫生、社会保障等各方面，给予贫困村和贫困户政策倾斜和项目支持，确保有劳动能力可就业、无劳动能力的全兜底，形成各类支持政策良性互动、共同发力的好格局。

要以财政专项扶贫资金投入为主渠道，建立财政专项扶贫资金投入的稳定增长机制，积极推进贫困县财政涉农资金统筹整合，要通过政府和社会资本的互利合作、政府购买服务、扶贫贴息贷款等融资方

式，发挥财政资金的引导功能，撬动更多的金融资本、社会资本参与脱贫攻坚，更大程度地发挥资金使用效益。要找准突破点，善于用改革思维推进脱贫攻坚，切实做到"九个更加"，即：思想上更加重视、底数上更加清楚、管理上更加科学、措施上更加精准、路子上更加拓宽、作风上更加扎实、政策上更加完善、资金上更加安全、责任上更加强化，实现脱贫攻坚台账规范化、效益最大化、成果最优化，更多地释放贫困乡村和贫困群众内在活力动力，提升有效开展精准扶贫的能力水平，切实做到底子清、路子清、责任清、资金清，确保精准到人、精准发力、精准脱贫。

（四）聚合"能量"远行，推进全面小康

要引导各种资源向脱贫攻坚聚集、引导各方力量向脱贫攻坚聚合、引导各类群体参与脱贫攻坚，营造"人人皆愿为、人人皆可为、人人皆能为"的脱贫攻坚良好氛围。继续做好驻村包联，确保责任到位，统筹和引导"访惠聚"驻村工作队打通扶贫政策落实"最后一公里"。继续做好援疆扶贫工作，统筹推进援疆工作向基层倾斜、向民生倾斜、向农牧区倾斜、向精准扶贫倾斜。继续做实定点帮扶，坚持"输血"与"造血"并举，组织党员干部与贫困群众持续地开展"结对子""走亲戚""交朋友"活动，发挥自身优势，细化帮扶措施，在人、财、物方面为贫困村和贫困群众提供更多的扶持，积极主动融入到脱贫攻坚战和全面建成小康社会的战役中，以对党和人民高度负责的态度，尽心尽责，为贫困村和贫困群众办实事、办好事。继续做细社会扶贫工作，引导工青妇、残联、工商联等人民团体围绕脱贫攻坚，开展适合本部门特点的"巾帼扶贫""千企帮千村"等精准扶贫行动。鼓励各类民营企业、公益性社会组织、社会

各界爱心人士、扶贫志愿者积极参与脱贫攻坚，为尼勒克县脱贫攻坚和全面建成小康社会，提供财力帮助、智力支持，为贫困村和贫困群众奉献爱心，为打造"幸福伊犁"和"甜蜜、多彩、宜居"的尼勒克贡献力量。

展示在世人面前的脱贫攻坚"国考"的"尼勒克答卷"，凝聚着各级部门的无限关怀，凝聚着社会各界人士的倾力支持，凝聚着全县干部群众的艰苦拼搏，凝聚着全县各族人民美好的期待。

尼勒克人在沉寂的大山里与贫穷抗争了32年，一段段艰难拼搏的历程，一个个追寻梦想的故事，一群群坚守初心的共产党人，他们怀揣着永远的初心与使命，在新时代打赢脱贫攻坚战嘹亮的歌声中，迎来了胜利的号角，脱贫攻坚让尼勒克县的各族人民群众

"甜蜜、多彩、宜居"的尼勒克

摆脱了贫苦与艰难，好日子写在了老百姓的脸上，好日子还在后头，尼勒克县委和县人民政府将团结带领全县 19 万各族人民群众迎着奋进的朝阳，迈开前进的步伐，勠力同心创造更加幸福美好的未来！

后 记

　　脱贫攻坚是实现我们党第一个百年奋斗目标的标志性指标，是全面建成小康社会必须完成的硬任务。党的十八大以来，以习近平同志为核心的党中央把脱贫攻坚纳入"五位一体"总体布局和"四个全面"战略布局，摆到治国理政的突出位置，采取一系列具有原创性、独特性的重大举措，组织实施了人类历史上规模空前、力度最大、惠及人口最多的脱贫攻坚战。经过 8 年持续奋斗，现行标准下 9899 万农村贫困人口全部脱贫，832 个贫困县全部摘帽，12.8 万个贫困村全部脱贫，区域性整体贫困得到解决，完成了消除绝对贫困的艰巨任务，脱贫攻坚目标任务如期完成，困扰中华民族几千年的绝对贫困问题得到历史性解决，取得了令全世界刮目相看的重大胜利。

　　根据国务院扶贫办的安排，全国扶贫宣传教育中心从中西部 22 个省（区、市）和新疆生产建设兵团中选择河北省魏县、山西省岢岚县、内蒙古自治区科尔沁左翼后旗、吉林省镇赉县、黑龙江省望奎县、安徽省泗县、江西省石城县、河南省光山县、湖北省丹江口市、湖南省宜章县、广西壮族自治区百色市田阳区、海南省保亭县、重庆市石柱县、四川省仪陇县、四川省丹巴县、贵州省赤水市、贵州省黔西县、云南省西盟佤族自治县、云南省双江拉祜族佤族布朗族傣族自治县、西藏自治区朗县、陕西省镇安县、甘肃省成县、甘肃省平凉市崆峒区、青海省西宁市湟中区、青海省互助土族自治县、宁夏回族自治区隆德县、新疆维吾尔自治区尼勒克县、新疆维吾尔自治区泽普县、新疆生产建设兵团图木舒克市等29个县（市、区、旗），组织29个县（市、区、旗）和中国农业大学、华中科技大学、华中师范大学等高校共同编写脱贫攻坚故事，旨在记录习近平总书记关于扶贫工作的重要论述在贫困县的生动实践，29个县（市、区、旗）是全国832个贫困县的缩影，一个个动人的故事和一张张生动的照片，印证着人民对美好生活的向往不断变为现实。

脱贫摘帽不是终点，而是新生活、新奋斗的起点。脱贫攻坚目标任务完成后，"三农"工作重心实现向全面推进乡村振兴的历史性转变。我们要高举习近平新时代中国特色社会主义思想伟大旗帜，紧密团结在以习近平同志为核心的党中央周围，开拓创新，奋发进取，真抓实干，巩固拓展脱贫攻坚成果，全面推进乡村振兴。

由于时间仓促，加之编写水平有限，本书难免有不少疏漏之处，敬请广大读者批评指正！

本书编写组

责任编辑：王新明
封面设计：林芝玉
版式设计：王欢欢
责任校对：陈艳华

图书在版编目（CIP）数据

中国脱贫攻坚. 尼勒克故事／全国扶贫宣传教育中心 组织编写 — 北京：
  人民出版社，2022.10
（中国脱贫攻坚县域故事丛书）
ISBN 978－7－01－025230－8

I. ①中⋯ II. ①全⋯ III. ①扶贫－工作经验－案例－尼勒克县 IV. ① F126

中国版本图书馆 CIP 数据核字（2022）第 197697 号

中国脱贫攻坚：尼勒克故事
ZHONGGUO TUOPIN GONGJIAN NILEKE GUSHI

全国扶贫宣传教育中心 组织编写

人民出版社 出版发行
（100706 北京市东城区隆福寺街 99 号）

北京盛通印刷股份有限公司印刷 新华书店经销

2022 年 10 月第 1 版 2022 年 10 月北京第 1 次印刷
开本：787 毫米 × 1092 毫米 1/16 印张：14.75
字数：198 千字

ISBN 978－7－01－025230－8 定价：55.00 元

邮购地址 100706 北京市东城区隆福寺街 99 号
人民东方图书销售中心 电话（010）65250042 65289539